AF260226

POLITIQUE EXTÉRIEURE.

AFFAIRES DE SYRIE

(1841-1845.)

Extraits de *la Revue Nouvelle.*

— Livraisons du 1er et du 15 mai. —

PARIS.

IMPRIMÉ PAR PLON FRÈRES,

36, RUE DE VAUGIRARD.

—

1846

POLITIQUE EXTÉRIEURE.

AFFAIRES DE SYRIE.

PREMIÈRE PARTIE.

(1841-1845.)

L'historien qui voudra juger un jour la conduite des puissances signataires du traité du 15 juillet 1840, aura peine à se rendre compte des motifs réels qui dictèrent cette singulière transaction. Les difficultés pressantes survenues en Orient, la divergence de vues qu'elles avaient fait naître, l'habileté même de l'intrigue ourdie par la diplomatie russe, n'expliquent pas suffisamment l'exclusion injurieuse dont la France fut alors l'objet. On se demandera toujours comment il ne s'est pas trouvé, parmi les hommes d'État

invités à concourir à cet acte fameux, une tête assez recueillie pour
en pressentir les conséquences, assez prudente pour les prévenir en
refusant de s'y associer. Nous ne nous chargeons point de décou-
vrir ce qui s'est passé à ce moment-là dans l'esprit des chancelle-
ries étrangères; si nous évoquons ce souvenir déplorable, c'est
qu'il ne l'est plus que pour les premiers auteurs du traité. L'aveu
tacite ou détourné qu'ils ont fait de leur faute est une satisfaction
qu'attendait notre amour-propre; il a d'autant plus de prix à nos
yeux qu'il confirme la justesse du point de vue politique adopté
par le cabinet du 29 octobre, dès le lendemain de son arrivée aux
affaires, et nous permet de le présenter, sous son véritable jour,
dans une sorte d'introduction au travail que l'on va lire.

Le temps est venu, en effet, de reconnaître que la pensée du
cabinet, loin de subir la loi des circonstances, avait un grand
caractère de prévoyance et d'élévation. M. Guizot, — on peut lui
faire honneur de cette pensée puisque c'est à lui que remontaient
alors toutes les attaques, — éclairé par l'erreur désastreuse que
les cabinets étrangers venaient de commettre, se donna la tâche
de replacer la France, et l'Europe avec elle, sur le terrain même
de leur situation normale, dont chaque heure de mésintelligence,
chaque heure d'oubli de l'intérêt souverain les reculait davantage.
Considérant la rupture de 1840 comme une surprise ou plutôt un
accident au milieu de la marche régulière des choses, il résolut
de renouer la logique des événements. La situation normale,
c'était l'harmonie entre les puissances ; l'intérêt souverain des
peuples, c'était la paix universelle. Cette question avait été décidée
par le régime de 1830, à son origine, quand il avait eu à regarder
en face les deux alternatives de son avenir. Un malentendu, un
mauvais procédé même de la part de ses alliés de la veille, ne
pouvait faire que la paix ne fût encore la nécessité dominante. Le
mérite de la pensée de M. Guizot a donc été de savoir d'où elle
partait, où elle allait; d'être simple, entière, décisive. Voulant la
paix, à l'attitude d'isolement, position fausse, onéreuse, intolérable, qui aboutissait inévitablement à la guerre, il devait avoir
hâte de substituer l'ancien concert européen, et voulant le concert

européen, il a voulu l'alliance intime avec l'Angleterre. C'est le côté de sa politique qu'on a le plus blâmé, c'est celui qui nous en semble le plus remarquable. La durée du concert européen — qui l'a mieux prouvé que le traité du 15 juillet? — dépend de l'accord des deux empires constitutionnels de l'Occident. Mais il y a plus, cet accord même ne peut subsister qu'autant qu'il est étroit et sans réserve.

Toutes les raisons qu'on allègue contre l'alliance intime de la France et de l'Angleterre, sont autant d'arguments victorieux en faveur de cette intimité. C'est précisément parce que les deux peuples se trouvent en rivalité constante dans la carrière de leur ambition; c'est parce qu'il leur est resté de leurs luttes séculaires des ressentiments qu'un simple froissement d'amour-propre peut ranimer tout d'un coup; c'est enfin parce qu'une fois séparés, ils ne chercheraient plus à se vaincre sans chercher à se détruire; que leurs gouvernements ne peuvent se dire réellement alliés que lorsqu'ils sont unis par les nœuds les plus rapprochés. Leurs rapports sont si délicats, leurs points de contact si fréquents et les ombrages si faciles à jeter entre eux, que s'ils ne sont pas rassurés constamment sur leurs intentions, s'ils ne s'expliquent pas à cœur ouvert dans tous les conflits de leurs intérêts nationaux et ne font pas sans cesse un pas l'un vers l'autre, ils ne peuvent manquer de se soupçonner bientôt, de s'observer, puis de s'aigrir, et d'en venir tôt ou tard à une retentissante rupture.

Nous croyons que l'opinion a fait depuis cinq ans assez de progrès en France pour sentir tout ce que le système de l'alliance anglaise ainsi compris a de juste, de politique et de national au fond ; de même est-elle en mesure aujourd'hui de reconnaître que les premiers actes du cabinet préparèrent dignement la réalisation de cette pensée. C'est bien à tort qu'on a représenté M. Guizot comme ayant compromis par trop de hâte l'œuvre de réconciliation qu'il avait entreprise : tous les obstacles, au contraire, qui ont retardé la signature du traité des Détroits, sont venus de lui. Une fois certain que l'Europe ne pouvait se tromper sur ses intentions, il exigea d'elle qu'elle tînt compte des justes susceptibilités de la France; et au risque d'échouer dans sa difficile entreprise, il l'arrêta tant qu'il put croire que le traité de 1840 n'avait pas entièrement cessé son effet. Son début dans cette négociation fut signalé par un acte de fermeté. Les quatre puissances, après avoir obtenu par la voie des armes la chute de la domination égyptienne en Syrie, semblaient disposées à pousser plus loin l'emploi des moyens coërcitifs et vouloir faire de la soumission absolue de Méhémet-Ali la condition du maintien de sa puissance en Égypte. Elles donnaient à entendre que s'il n'évacuait pas immédiatement la partie du littoral de la Syrie, que ses troupes occupaient encore, et ne se hâtait de restituer au sultan la flotte que le capitan-pacha lui avait livrée, elles n'hésiteraient pas à le déposséder de son pachalik. M. Guizot, s'appuyant sur la note du 8 octobre que lui avait léguée son prédécesseur, fit signifier à la conférence réunie à Londres que la déchéance de Méhémet-Ali donnerait lieu à une *situation nouvelle dont la gravité laisserait bien loin derrière elle la situation produite par le traité du 15 juillet.* Quelques jours après, on sut que le commodore Napier avait pris sur lui de traiter directement avec Boghos-bey. Nul doute que le langage de la France, rapproché de cette circonstance, détermina le cabinet anglais à ratifier une négociation irrégulière et engagée sans son aveu.

S'il était une puissance qui désirât avec passion le rétablissement du concert européen, c'était l'Autriche. Elle voyait avec peine les retards que les sages lenteurs du cabinet du 29 octobre opposaient à son impatience. Dès que M. de Metternich eut appris que la Syrie était évacuée et la flotte rendue au sultan, il considéra l'affaire d'Orient comme entièrement finie, et pressa notre gouvernement de signer le traité des Détroits. Il ne cessait de dire à notre ambassadeur à Vienne : « Que devient maintenant l'isolement de la France? Le sultan aura fini ses affaires; Méhémet sera pacha héréditaire en Egypte. L'affaire entre lui et le pacha sera arrangée dans la forme d'une question intérieure. La France voudra-t-elle s'isoler de ses résultats? Où est la quadruple coalition? Contre qui et contre quoi armera-t-on la paix? Ne sera-ce pas contre la paix elle-même? »

Tel n'était pas le sentiment de M. Guizot. Tant que le traité du 15 juillet demeurait ouvert ; tant que les puissances qui l'avaient conclu pouvaient s'en prévaloir pour terminer les embarras nouveaux qui en étaient résultés en Orient, il ne crut pas qu'il convînt à la dignité de la France de renouer avec elles ses anciens rapports. Les cabinets du Nord s'irritaient de ces délais : tantôt ils s'en prenaient à l'Angleterre, qui continuait à menacer Méhémet-Ali dans le centre même de son pouvoir ; tantôt ils cherchaient à nous alarmer sur les dangers de notre isolement. Il y eut même un moment, au mois de février 1841, où par une coïncidence singulière le cabinet reçut à la fois l'avis de ses représentants à Londres et à Saint-Pétersbourg qu'il se préparait une situation semblable à celle qui avait précédé le 15 juillet et qu'il ne serait pas impossible que les complications récentes des affaires d'Orient donnassent lieu à une nouvelle entente à quatre. M. Guizot ne tint aucun compte de cet avertissement et ne voulut point se départir de la ligne de conduite qu'il s'était tracée. Ce nuage dissipé, il eut à offrir la même résistance sur les actes destinés à reformer le concert européen. Il demanda et obtint que les expressions qui, dans la rédaction du traité des Détroits, semblaient rappeler le protocole de clôture du traité de 1840, disparussent de la pièce où la France apposerait sa signature. Et quand ce dernier point fut enfin réglé, c'est la signature même qu'il déclara vouloir suspendre jusqu'à ce que la position de Méhémet eût été irrévocablement fixée. Puisqu'il dépendait du caprice de la Porte de refuser ou d'amoindrir les avantages que la France était déterminée à lui garantir, il pouvait arriver en effet que, malgré le protocole de clôture, les quatre puissances voulussent intervenir encore entre le sultan et son vassal. Elles avaient beau dire que cet arrangement était désormais une affaire intérieure qui se terminerait sans peine ; l'affaire était si loin d'être finie que le sultan venait de faire à Méhémet des conditions inacceptables que celui-ci avait vivement rejetées. M. de Metternich mit un grand zèle à faire disparaître cette objection dont il appréciait la valeur ; il sut contraindre, par ses remontrances sévères, la Porte à rapporter son premier hatti-sheriff d'investiture et à en envoyer un second à Alexandrie qui confirmait les justes prétentions de Méhémet. Grâce à cette médiation active de l'Autriche, au commencement du mois de mai, tous les obstacles de la négociation suivie à Londres semblaient aplanis et le chancelier d'État pressait notre gouvernement de donner sa signature sans attendre la réponse du pacha :

« Il y a désormais, disait-il à notre ambassadeur, utilité et opportunité pour tous. Mais en outre de l'intérêt général je me regarde, je l'avoue, à partir d'aujourd'hui comme personnellement engagé dans cette question. J'ai pris sur moi d'arrêter les instances que l'on adressait à votre ministère pour le décider à signer. Aujourd'hui que le moment est venu, si la signature allait être refusée, je resterais fort compromis aux yeux de tous par la responsabilité morale que j'ai assumée. J'ose dire que l'on me doit de ne pas me jouer ce mauvais tour, et j'espère que l'on reconnaîtra que rien ne s'oppose plus à la signature définitive. Il ne faut pas demander ni attendre ce que pensera Méhémet-Ali des nouvelles concessions de la Porte. Sa réponse sera nécessairement ou bonne ou dilatoire ; elle ne sera dans aucun cas mauvaise, c'est-à-dire qu'il ne refusera pas ; cela ne serait pas supportable. Mais il témoignera d'autant moins d'empressement à accepter qu'on lui laissera l'idée qu'il peut encore tout arrêter par sa résistance..... Dépêchons-nous de tirer une ligne entre le passé et l'avenir. Mon Dieu ! il est bien impossible que des difficultés nouvelles ne surgissent pas quelque jour ; on ne bâtit pas pour l'éternité ; mais il ne faut pas les laisser se compliquer du passif de l'ancienne affaire. »

De pareilles instances étaient vives, et si M. Guizot avait éprouvé la même ardeur inquiète à rétablir le concert européen, il aurait pu enfin se croire en droit d'y céder. Pourtant, cette fois encore, il ne prit conseil que de son pressentiment qui lui faisait craindre l'imprévu, et l'imprévu arriva. Le cabinet anglais fut atteint d'un scrupule subit : lord Palmerston, rencontrant le chargé d'affaires de France dans son salon, le prit à part et le prévint franchement qu'en homme d'honneur, quelle que fût à cet égard l'opinion de M. de Metternich, il croyait devoir le prévenir qu'il considérait le recours aux dispositions du traité du 15 juillet comme une éventualité toujours possible, tant que Méhémet-Ali n'aurait pas accepté les conditions du sultan. Cette ouverture remit tout en question ; il fallut attendre les nouvelles d'Égypte. Le cabinet autrichien lui-même, ayant usé son initiative, en fut réduit à espérer que le bon sens de Méhémet couperait court à la nouvelle difficulté : hommage involontaire rendu au génie de ce grand vieillard qui eut la gloire de tenir les conseils de l'Europe en suspens jusqu'au bout. Enfin, le 28 juin, l'on apprit à Londres qu'il avait accepté le second hatti-sheriff. Cette fois, le passé de 1840 était bien réellement fermé : le protocole de clôture du traité du 15 juillet en donna l'assurance officielle, et quinze jours après, la signature de M. de Bourqueney placée au bas de la convention des Détroits attestait que la France était rentrée dans le concert européen.

I.

SITUATION DE LA SYRIE EN 1841. — LE LIBAN.

Une politique aventureuse n'efface point par un simple protocole de clôture tout le mal que ses fautes ont produit. S'il n'avait fallu que huit mois à l'Europe pour revenir du trouble où le traité du 15 juillet l'avait jetée, il n'en fut pas de même en Syrie. A peine les relations régulières de notre diplomatie se furent-elles renouées avec le Divan, qu'elle put mesurer la profondeur du désordre que la médiation européenne avait laissé derrière elle dans cette province, et l'étendue des embarras contre lesquels il lui faudrait lutter.

La Syrie avait vécu sept ans sous la domination égyptienne. Aujourd'hui, nous sommes bien forcés de le reconnaître, cette domination n'était pas ce que nous nous figurions en France. Nous avions d'étranges illusions sur ce point, et, quoiqu'elles ne fussent point toutes partagées par le pouvoir, elles avaient, à son insu, réagi sur lui ; car, dans le régime constitutionnel, les gouvernements eux-mêmes échappent malaisément à la contagion des erreurs de l'opinion publique. Nous eûmes le grand tort de voir dans Méhémet-Ali un autre homme qu'il était, d'en faire un personnage de convention et de lui prêter des desseins dont il ne pouvait avoir la pensée. Cette chimère d'un empire arabe dont on nous parlait sérieusement alors, contribuait à égarer notre jugement. Nous ne voulions pas voir que Méhémet-Ali est Turc avant tout, Turc de naissance, de religion, de tempérament ; qu'il gouverne en Turc, dans un intérêt tout personnel, et qu'il met son génie au service seul de sa puissance. Il est un réformateur sans doute, mais il n'a rien de cette humeur platonique qui chez nous fait aimer le progrès pour lui-même. Toute réforme dans sa main est un moyen de gouvernement et ce qui le distinguait en ceci de Mahmoud, c'est que mieux conseillé par son ambition, il avait assimilé le principe de force que renferme notre civilisation à celui de l'autorité musulmane, tandis que son rival, novateur maladroit, ne sut qu'affaiblir l'un sans avoir jamais réussi à s'emparer de l'autre. Si nous avions compris cela, nous aurions étudié de plus près la nature de l'établissement égyptien en Syrie, et nous nous serions demandé si cette seconde expérience était aussi intelligente que la première. Les Anglais, qui ne se laissent jamais emporter comme nous par de généreux enthousiasmes, virent mieux la réalité. Ils eurent raison quand ils affirmèrent que le pouvoir de Méhémet en Syrie reposait sur les bases les plus fragiles. Ce qui contribuait à prolonger notre erreur, c'est qu'en effet les premières années de la domination égyptienne avaient été heureuses et brillantes. La main vigoureuse d'Ibrahim avait fait succéder comme par enchantement l'ordre et la sécurité à l'anarchie et à la confusion qui caractérisent partout l'administration turque. Pour atteindre à ce résultat qui nous avait éblouis, il lui avait suffi de transporter en Syrie le système d'unité et de centralisation sur lequel son père a fondé sa puissance. Mais là aurait dû s'arrêter l'imitation du modèle égyptien. La répartition équitable des impôts, la police introduite dans les villes, les routes purgées de brigands, le commerce étranger assuré d'une protection constante : c'étaient là autant de bienfaits qui auraient concilié à Méhémet-Ali toutes les nations de l'Europe et l'Angleterre elle-même. Malheureusement il alla plus loin, et sans considérer s'il pouvait attendre d'une population divisée de religion et de mœurs, où la diversité d'origine et la configuration même du sol ont créé partout des intérêts et des institutions différentes, la docilité servile de la race dégradée des fellahs, il fit la faute énorme d'introduire à la fois en Syrie la confiscation du sol, le monopole du commerce et la conscription. Ces mesures oppressives, sur lesquelles nos agents essayèrent en vain de l'éclairer, voilà les germes de dissolution dont ses adversaires surent tirer parti quand l'heure fut venue de les développer.

Mais ce qu'il y a de plus regrettable pour la France dans les suites de l'occupation égyptienne, c'est qu'elle a, autant que les alliés eux-mêmes, contribué à renverser, sans retour peut-être, un gouvernement chrétien qui était le plus solide appui de notre influence en Orient; on devine que nous voulons parler du Liban. Cette contrée, qu'on appelle par excellence la Montagne, renferme une population mixte de 200,000 âmes environ. Les Druses qui sont idolâtres ne forment que le quart de cette population; la majorité se compose de Maronites, chrétiens ralliés depuis la fin du dernier siècle à l'église romaine. La Montagne avait toujours été libre. Dans les temps reculés, après l'époque des croisades, les Druses eurent leur période de grandeur et de gloire sous le fameux Fakr-Eddin (le Facardin des légendes du moyen âge), qui étendit ses conquêtes jusqu'à Beyrout; mais après sa mort, ils rentrèrent dans l'obscurité d'où il les avait tirés, et une sorte de féodalité turbulente s'établit par toute la Montagne. Il arriva bientôt ce qui arrive toujours dans cette forme de gouvernement : la prépondérance croissante d'une famille plus riche et plus nombreuse y rompit l'égalité féodale. Au temps où le sultan Sélim s'empara de la Syrie, c'était la famille chrétienne des Man qui possédait cette souveraineté, plus extérieure encore que réelle; elle fut transmise ensuite aux Chéâb, également chrétiens. Cependant jusqu'en 1788, les chefs des autres familles puissantes, tant Druses que Maronites, avaient réussi à se maintenir dans une sorte d'indépendance. C'est

alors que le fameux émir Béchir, qui venait d'être investi du titre
de grand-prince, entreprit de centraliser à son profit le gouvernement de la Montagne. Cet homme, long-temps ignoré de l'Europe, aussi remarquable pourtant dans sa sphère étroite que Méhémet lui-même, a fait preuve, dans la poursuite de ses projets
d'un courage aussi patient, d'une ambition aussi indomptables,
d'un génie aussi fertile en ressources que les plus célèbres despotes
d'Asie. Pendant trente ans, il combattit par les armes, par la ruse,
par la perfidie même, toutes les influences qu'il voulait détruire. Sa
vie, curieuse comme un conte d'Orient, offre les retours de fortune les plus soudains, les incidents les plus romanesques. Deux
fois il fut forcé de fuir et d'aller recruter au loin des forces nouvelles contre ses ennemis : généreusement accueilli, dans l'une de
ces occasions, par Méhémet-Ali, il se doutait peu alors que son
hôte deviendrait un jour son maître. En 1819 enfin, l'émir Béchir
avait triomphé de tous ses ennemis, et son ambition était satis-
faite; mais au moment de recueillir le fruit d'une lutte si longue,
il faillit être victime d'une trahison tramée auprès de sa personne. Il avait accordé toute sa confiance à un chef druse, Béchir
Djumblad; c'était son premier ministre et le personnage le plus
considérable après lui. Cet homme conspira contre lui et alla lever
le drapeau de la révolte dans le district de la Montagne, où son
titre de cheik des cheiks lui donnait une grande autorité. L'émir
prit aussitôt des mesures vigoureuses, l'insurrection fut étouffée
à sa naissance et Béchir Djumblad, forcé de se réfugier à Saint-
Jean-d'Acre, y fut bientôt étranglé en vertu d'un firman obtenu
à Constantinople par le crédit de Béchir. Dès ce moment s'ouvrit
dans le Liban une ère de paix et de prospérité. L'unité de gouvernement était un véritable bienfait pour les populations de la
Montagne, et elles ne l'avaient pas trop chèrement achetée par
trente années de combats et de discordes. L'émir Béchir cessa
d'être cruel dès qu'il n'eut plus de rivaux; son fils aîné, l'émir
Emin, partagea avec lui le fardeau de l'administration; il donna
au second l'héritage de Béchir Djumblad, qui comprenait les deux
Choufs, le Karab, le Djezzin et le Teffat, districts habités surtout

par les Druses. Entouré de sa nombreuse famille, protégé par le prestige du succès, il usait avec modération de son autorité absolue; il était en paix avec la Porte, à qui il payait régulièrement le tribut annuel, et sauf peut-être la lourdeur des impôts exigés par son avarice, il ne donnait à ses sujets druses et maronites aucun motif de plainte assez grave pour menacer même l'hérédité de son pouvoir.

Quand le fils de Méhémet se fut emparé de la Syrie, l'émir Béchir se soumit au vainqueur avec cette résignation que tous les Orientaux montrent vis-à-vis de la force. Son seul souci était de conserver son pouvoir et ses richesses : il s'estima heureux que la Montagne fût exceptée du régime égyptien imposé par Ibrahim au reste de la Syrie. Mais ce n'est qu'au prix d'une complaisance dangereuse pour lui-même qu'il avait acheté cette exception. Il dut mettre sa tyrannie au service d'un despotisme plus énergique encore, et se faire auprès de ses sujets l'exécuteur des volontés d'Ibrahim. Toute résistance de sa part eût pu lui être fatale : Méhémet-Ali s'était assuré d'avance de sa fidélité en donnant asile aux trois fils de Béchir Djumblad, prêt à les jeter dans la Montagne à la première marque du mauvais vouloir de l'émir. Si celui-ci avait eu toute sa liberté d'action, connaissant les haines qu'il avait déjà excitées, sans doute il ne les aurait pas aggravées encore en se faisant l'instrument docile de toutes les vexations du système égyptien.

Quand ce système eut porté ses fruits, quand il eut répandu partout les germes d'insurrection que les manœuvres de la Porte et des agents européens réussirent à faire éclater, le grand-prince se trouva placé dans une perplexité singulière. Un agent anglais, appartenant à la religion catholique, M. Wood, l'un des drogmans de l'ambassade à Constantinople, arriva à cette époque dans la Montagne sous prétexte de se fortifier dans l'usage de la langue arabe. Il vint trouver l'émir, pour le sonder sur ses dispositions à l'égard de l'Angleterre. Le prudent vieillard fit une réponse évasive; il était résolu à suivre la fortune du plus fort, il ne donna que des espérances. Cependant sa soumission aux ordres d'Ibrahim ruinait peu à peu son pouvoir. Ainsi, la répugnance des Montagnards pour la conscription fit éclater bientôt une révolte dans le Hauran, district habité par les Druses. Il fallut que l'émir aidât à la réprimer, et se rendît complice des cruautés commises dans cette expédition. Au moment de l'entrée d'Hafiz-pacha en Syrie, ce fut lui qui contint la Montagne, qu'une nuée d'émissaires turcs et étrangers poussaient à l'insurrection, et, sans doute, il se félicita de sa perspicacité quand, bientôt après, il reçut la nouvelle de l'étonnante victoire de Nézib.

Cette satisfaction dura peu. En 1840, toute la Syrie était en fermentation ; la Montagne plus agitée encore. Ibrahim, faisant face au danger avec son énergie ordinaire, ordonna au grand-prince d'opérer le désarmement général de ses sujets. C'était un moment décisif pour celui-ci ; il ne sut ni franchement résister ni franchement obéir ; il fit assembler les chefs autour de sa résidence de Deïr-el-Kamar, et prêt à les désarmer ou à se mettre à leur tête, il envoya faire à Ibrahim des représentations qu'il espérait prolonger jusqu'à ce que l'événement vînt lui dicter sa conduite. La fermeté du prince égyptien ne lui en laissa pas le temps. Soliman-Pacha pénétra dans la Montagne, et l'émir effrayé non-seulement désarma ses propres sujets, mais surpassa en rigueur le lieutenant d'Ibrahim lui-même. On peut dire que de ce jour date la ruine de sa puissance et du gouvernement qu'il avait eu tant de peine à fonder. En effet, lorsque, quelques mois plus tard, Ibrahim vit arriver les forces européennes chargées d'exécuter les dispositions du traité du 15 juillet, son premier soin fut de s'assurer du repos de la Montagne en s'assurant de la personne de l'émir ; il lui envoya l'ordre de se transporter dans son camp avec sa famille et ses richesses. L'émir comprit enfin qu'il était perdu s'il obéissait. Les Anglais avaient alors l'ascendant ; fidèle à son habitude de suivre le parti du plus fort, il se rendit à eux : il se flattait encore de sauver, par cette tardive défection, son pouvoir déjà compromis sans retour ; sa fuite n'eut d'autre effet que de priver Ibrahim d'un de ses plus solides appuis.

Il était nécessaire d'entrer dans ces détails pour faire comprendre le caractère des agitations qui, dès ce moment, troublèrent la Montagne. De quelque façon que l'on envisage la carrière de l'émir Béchir, il est incontestable qu'il avait établi un gouvernement régulier, et que ce gouvernement durerait encore, si l'occupation égyptienne d'abord, les intrigues des alliés ensuite, n'étaient pas venues miner par la base ce récent édifice. Il y a ceci à remarquer, que même pendant la période orageuse du règne de Béchir, il n'existait entre les Maronites et les Druses aucune haine de race. Les adversaires du grand-prince étaient indifféremment Druses ou chrétiens : la querelle était purement féodale ; les chefs des deux peuples se liguaient pour le maintien de leurs priviléges, et si les chrétiens avaient l'ascendant, c'est qu'ils étaient les plus riches et les plus nombreux. Il y avait si peu d'animosité nationale entre les Druses et les Maronites, que dans les districts où les races étaient inégalement mêlées, le vassal druse obéissait sans murmure à son seigneur chrétien ; le seigneur druse était le protecteur actif de ses vassaux maronites. Les rigueurs de la domination égyptienne et la funeste intervention des émissaires anglais ont seules séparé les deux populations et les ont armées l'une contre l'autre.

Nous ignorons si le gouvernement anglais a su tout ce qui se faisait en son nom dans la Montagne ; mais il aurait arrêté sans doute ces funestes intrigues, s'il en avait pu prévoir toutes les conséquences. Nous sommes tenté de croire que, dans cette affaire de Syrie, le cabinet whig a été presque toujours entraîné plus loin qu'il ne voulait aller. Les agents anglais à l'étranger, surtout hors d'Europe, ont une indépendance d'action beaucoup plus grande que nous n'en accordons aux nôtres. Cette différence tient peut-être à ce que l'opinion publique ayant en Angleterre des moyens de se produire beaucoup plus rapides et mieux organisés que chez nous, ils s'en reposent sur elle pour tenir en bride le mécontentement de leurs supérieurs. Pour nous, nous sommes convaincu que, si cette habitude d'oser peut, dans des cas extrêmement rares, amener des résultats inespérés, elle entraîne le plus souvent le ministère, mal servi, inexactement informé, à accepter la solidarité de fautes et d'imprudences dont il ne peut plus calculer les suites. La conduite des agents anglais en Orient, à l'époque dont nous nous occupons, offre un exemple frappant des erreurs, où les représentants d'un grand pays peuvent tomber quand ils prennent avant tout pour guides les préjugés et les passions nationales. Sans parler de lord Ponsonby, qui, de son poste d'ambassadeur à Constantinople, n'a cessé d'égarer le jugement du cabinet whig sur les affaires d'Orient, et pour nous en tenir à la Syrie, faisons remarquer avec quelle inintelligence ont procédé les émissaires anglais, qui ont voulu attirer le Liban dans le cercle des intérêts britanniques. L'Angleterre a toujours vu avec peine l'influence que les croyances religieuses si puissantes en Orient assurent à deux puissances européennes : à la France, par les catholiques de l'église romaine; à la Russie, par ceux du rit grec, et que toute l'importance qu'elle doit à son commerce ne parvienne pas à balancer ce précieux avantage. L'Angleterre ou plutôt ses agents ont voulu créer, à son profit, une influence protestante, comme si un prestige moral s'établissait du jour au lendemain. Parmi les actes qui découlent de cette pensée, citons d'abord pour mémoire la fondation d'un évêché protestant à Jérusalem. Cet épiscopat, tour à tour évangélique et anglican, auquel la Prusse vient de pourvoir après la mort du titulaire nommé par l'Angleterre, n'a semblé sérieux qu'à l'Europe. L'Orient l'a vu avec indifférence après s'en être moqué, et l'évêque Alexander, qui vient de mourir, avait si bien senti le ridicule de la position d'un pasteur sans ouailles, qu'il n'a jamais outrepassé les priviléges restreints que lui donnait son firman de touriste. Des tentatives plus sérieuses de propagande religieuse furent faites dans la Montagne; elles sont importantes à connaître, car c'est à l'accueil qu'elles reçurent qu'il faut attribuer la prévention de l'Angleterre à l'égard des Maronites.

Les Anglais avaient nommé l'émir El-Cassim grand-prince à la place de son oncle réfugié à Malte. C'était un homme faible et sans influence, mais tout dévoué à ceux qui l'avaient élevé à un rang dont il était si peu digne. Dès ce moment la Montagne fut inondée de missionnaires anglais, qui se flattèrent, tant le zèle est aveugle, de faire des prosélytes parmi un peuple dévot, superstitieux même, passionnément attaché à son antique croyance. Le patriarche chrétien ne s'émut pas de cette tentative, mais il y mit bon ordre. Il frappa d'excommunication tous les membres de son église qui écouteraient les prédications évangéliques. Il n'en fallut pas davantage pour forcer les missionnaires à quitter la Montagne. Le peuple s'éloignait d'eux avec horreur, et courait livrer au clergé les livres qu'ils avaient distribués. Ce premier échec engagea les agents anglais à se tourner du côté des Druses; une nouvelle preuve de l'antipathie des Maronites acheva de les y déterminer.

On vient de voir l'influence du clergé maronite sur la population chrétienne; c'était la seule qui eût conservé assez d'ascendant pour lutter contre le désordre. Le clergé maronite, quoiqu'il ne se fût jamais associé aux cruautés et aux exactions du dernier grand-prince, l'avait secondé dans ses efforts pour centraliser le gouvernement de la Montagne. Il sentait que les avantages sans nombre de l'unité administrative compenseraient grandement un jour le prix auquel les populations l'auraient achetée. Le patriarche, Yomef-Obeïch, était un vieillard éclairé et plein d'énergie; il avait vu avec douleur s'écrouler en un jour l'œuvre de pacification et de progrès préparée par un demi-siècle de travaux. Il résolut, quoique infirme, d'arrêter, autant qu'il le pourrait, les conséquences de cette ruine, et sans espérer de ramener l'union entre les chefs chrétiens délivrés du joug de Béchir, de préserver du moins les paysans du choc de leurs rivalités. Les agents anglais ne furent pas les derniers à reconnaître que le patriarche possédait seul et accroissait chaque jour l'unique force centrale qui subsistât dans la Montagne, et, feignant d'oublier sa conduite hostile à l'égard des missionnaires, détachèrent auprès de lui ce M. Wood, que nous avons déjà cité, et le colonel Rose (depuis nommé consul général à Beyrout), afin de l'attirer à l'Angleterre. C'était une démarche folle et qu'ils n'auraient point tentée si, échauffés par leurs triomphes récents, ils n'avaient pas perdu de vue les raisons profondes qui assurent à la France l'attachement exclusif du clergé et de la population maronites. Yomef-Obeïch répondit par un accueil glacial aux ouvertures des deux envoyés anglais, et, dès ce jour, fut adoptée la politique dangereuse et stérile qui considéra les Druses comme les alliés naturels de l'Angleterre dans le Liban.

Il aurait suffi de cette erreur déplorable pour retarder le rétablissement de l'ordre parmi les populations de la Montagne. Les mesures adoptées en même temps par la Porte mirent le comble à la confusion. Au moment du désastre de Nézib, la Porte s'était crue perdue; mais, quand quatre puissances d'Europe se furent liguées pour la délivrer de son formidable ennemi, loin de voir dans cette intervention intéressée une preuve éclatante de l'affaiblissement progressif de l'empire, elle s'imagina que cet événement ouvrait pour elle une ère nouvelle de force, et elle prit dès lors le parti étrange d'agir pour son propre compte, et de se passer désormais des conseils de l'Europe. Quelque inconcevable que puisse paraître une illusion de cette nature, tous les faits tendent à démontrer que la Porte l'a nourrie, et rien ne nous autorise à croire au contraire que des suggestions étrangères, comme on l'a cru chez nous, celles de la Russie, puisqu'il faut la nommer, aient contribué à la pousser dans cette voie. Notre opinion, à cet égard, n'est pas fondée seulement sur une absence totale de preuves à la charge de la Russie, nous savons qu'il est bien difficile d'en obtenir pour des affaires aussi secrètes; elle se déduit de l'intérêt même de cette puissance, qui a toujours eu à cœur de prévenir ou d'écarter tout prétexte d'ingérence étrangère dans les affaires intérieures de la Turquie. Or, les mesures dont nous allons parler n'étaient pas faites pour éloigner de sitôt l'intervention européenne du théâtre des événements de 1840.

Le premier soin de la Porte, une fois remise en possession de la Syrie, fut de rétablir l'ancienne division administrative (dans le sens moral aussi bien que dans le sens propre du mot), si sagement détruite par Méhémet-Ali. Nous n'en faisons pas un crime aux ministres turcs : venant d'Égypte, ils devaient repousser la centralisation. La Syrie fut donc partagée de nouveau en trois pachaliks indépendants les uns des autres et gouvernés par des *muschirs* (pachas à trois queues), à savoir : ceux d'Alep, de Damas (avec un gouvernement spécial pour Jérusalem) et celui de Saïda, subdivisé en pachaliks de Saint-Jean-d'Acre et de Tripoli. Si la Porte n'avait entendu que restaurer simplement le régime ancien, elle aurait laissé au nouvel émir El-Cassim le droit de régner sur la Montagne et se serait contentée de traiter avec le chargé d'affaires (*Kapou-kiaïca*) que le grand-prince avait coutume d'accréditer à Constantinople, pour le règlement des rapports entre le vassal et son suzerain.

La Porte alla plus loin : elle vit pour elle dans les événements de 1840 une occasion de s'emparer d'un pouvoir direct qu'elle n'avait jamais possédé sur la Montagne, et sa première pensée fut d'aider au renversement de celui que l'Angleterre y avait officiellement rétabli. Elle n'eut pas de peine à atteindre ce but. El-Cassim, méprisé de ses coreligionnaires eux-mêmes, était odieux aux Druses, par cela seul qu'il appartenait à la nation maronite, depuis qu'une haine fatale avait été excitée entre les deux races, et qu'elles étaient mûres pour la lutte. La première explosion de cette haine lui livrerait l'émir.

C'est ce qui arriva bientôt. Les cheiks des deux nations furent convoqués, le 13 octobre 1841, à Deïr-el-Kamar, résidence d'El-Cassim, pour rendre hommage à leur nouveau souverain. Les Maronites, craignant un guet-apens, demeurèrent chez eux ; seuls, les cheiks druses se trouvèrent au rendez-vous. Ils en profitèrent pour donner le signal de l'insurrection, attaquèrent Deïr-el-Kamar, s'emparèrent de cette ville, et ne se retirèrent qu'après y avoir commis les plus grandes cruautés. A la première nouvelle de cette trahison, le patriarche arme les paysans, prêche la guerre sainte et se tient prêt à défendre le menu peuple contre les vengeances dont on menace les chrétiens. Peut-être alors, si les cheiks maronites avaient secondé ses efforts, l'insurrection aurait-elle été étouffée dans son germe. Malheureusement, ceux-ci étaient divisés eux-mêmes, secrètement gagnés par les Turcs, et se flattaient de recouvrer, à la faveur des troubles, leur indépendance féodale : ils ne bougèrent point. Encouragés par leur premier succès, les

2*

Druses se présentèrent de nouveau devant Deïr-el-Kamar, pénétrèrent encore dans la résidence d'El-Cassim, et forcèrent cette fois le malheureux émir à prendre la fuite.

Le but des Turcs était atteint; mais les agents anglais avaient-ils à se féliciter d'avoir entretenu l'animosité des Druses contre les chrétiens? La conduite de la Porte vint prouver aussitôt qu'ils s'étaient laissé jouer par elle. A peine la nouvelle de l'insurrection de la Montagne fut-elle parvenue à Constantinople, que le ministère turc envoya sur les lieux un de ses membres les plus considérables, le séraskier Mustapha-pacha, avec pleins-pouvoirs pour y rétablir la paix. Quand il arriva en Syrie, les Druses venaient d'échouer devant Zahlé, grâce à l'énergique défense d'un émir métuali [1], qui tenait pour les chrétiens. Le premier acte de Mustapha-pacha fut de prononcer la destitution de l'émir El-Cassim, et de le dépouiller en même temps de la décoration dont le sultan l'avait revêtu; puis il convoqua une assemblée générale des cheiks maronites et druses, dans le but hautement annoncé de les consulter pour le choix d'un nouvel émir. Comme il s'y attendait bien, cette réunion tumultueuse, composée de chefs, les uns animés par le désir de la vengeance, les autres circonvenus d'avance par les Turcs, tous enfin aveuglés par leur ambition personnelle, ne put parvenir à s'entendre. Le séraskier, démasquant enfin le projet favori du divan, s'estima dès lors autorisé aux yeux de l'Europe à donner un gouverneur turc à la Montagne, et investit Omer-pacha de cette dignité. Dans le même moment, les Anglais évacuaient la Syrie, emportant la triste certitude qu'ils n'avaient cessé de faire les affaires de la Porte en croyant travailler au profit de leur prépondérance, et que depuis le premier jour de leur présence dans la Montagne ils n'avaient commis que des fautes.

---

[1] Les Métualis sont des mahométans de la secte d'Ali.

II.

ACTION DIPLOMATIQUE A CONSTANTINOPLE.

(1841—1843.)

Pendant que ces événements se passaient en Syrie, M. de Bourqueney, qui avait signé le traité des Détroits au nom de notre gouvernement, venait remplacer M. de Pontois à Constantinople. Le rétablissement du concert européen restituait à la France son influence légitime sur les conseils de la Porte. Cependant M. de Bourqueney, par suite de la révolution administrative opérée dans le Liban, eut dès son arrivée à tenir tête à des embarras presque insurmontables, et qui auraient découragé peut-être une patience moins persévérante que la sienne. Les instructions du cabinet avaient nettement tracé sa ligne de conduite; le passé était définitivement clos, et il ne devait s'en souvenir qu'autant que ce passé pourrait encore, dans ses conséquences, porter atteinte à la dignité de la France. Il avait pour mission de défendre notre intérêt légitime en Orient, de le confondre avec celui des autres puissances européennes s'ils n'étaient pas incompatibles, de l'en séparer, au besoin, toutes les fois que le nôtre nous conseillerait, non plus l'isolement, mais une indépendance complète d'action. M. de Bourqueney se montra digne de la confiance du cabinet. Du reste, si les mesures prises récemment par la Porte lui avaient fait de ce côté un rôle difficile, du côté de l'Europe, les obstacles que notre diplomatie avait rencontrés jusqu'alors étaient singulièrement aplanis.

En Angleterre, le cabinet de sir Robert Peel avait succédé au cabinet whig, dont il était loin d'approuver la politique orientale, et le premier avantage qui était résulté pour nous de ce changement d'administration avait été le rappel de lord Ponsonby. D'un autre côté, les troubles de Syrie venaient d'ouvrir les yeux à tous les gouvernements; l'Autriche et la Prusse, aussi bien que l'Angleterre, commençaient à reconnaître qu'on ne contrarie pas sans danger les habitudes traditionnelles de peuples aussi immobiles que les peuples d'Orient, et que l'intervention européenne avait dépassé son but quand, pour l'atteindre plus vite, elle avait détruit la forme et les causes même du pouvoir établi dans la Montagne. Lord Aberdeen s'indignait, avec la loyauté et la franchise de son caractère, de ce que la Porte eût compromis la parole de l'Angleterre, solennellement engagée vis-à-vis des populations du Liban ; et sans écouter M. de Brunow, qui traitait fort légèrement Druses et Maronites, au point de dire « qu'ils ne valaient pas mieux les uns que les autres, » les nouveaux ministres anglais étaient déterminés à remplir vis-à-vis d'eux l'engagement que leurs prédécesseurs avaient pris. M. de Metternich, qui avait fait du traité des Détroits une affaire presque personnelle, montrait la même ardeur à presser la pacification du Liban. Il reconnaissait à la France un avantage de prescription sur les autres puissances catholiques, le droit de plaider auprès du divan la cause des Maronites et de les protéger par des moyens même directs. La Prusse, qui a pour principe de se ranger du côté de la majorité dans toutes les affaires d'Orient, témoignait les mêmes dispositions bienveillantes. Tout concourait à prouver que, sur les cinq cabinets réconciliés par le traité des Détroits, il y en avait quatre au moins qui étaient fermement résolus à tenter, d'un commun accord et sans arrière-pensée, de pacifier la Montagne. Mais comme il était important que les représentations du ministre de France auprès du divan ne fussent point affaiblies par l'inaction d'un seul de ses collègues, il commença par agir seul au nom de son gouvernement. A peine eut-il appris la nomination d'Omer-pacha, qu'il chargea le premier drogman de l'ambassade de protester auprès du ministre des affaires étrangères, Sarim-Effendi, contre un acte qui enlevait à la Montagne ses priviléges séculaires. Il n'avait pas à blâmer la destitution de l'émir El-Cassim, qui devait son titre à l'Angleterre, ni à invoquer en faveur de la Montagne tel gouvernement national promis à l'époque d'une intervention que la France avait récusée ; c'était comme représentant d'un gouvernement allié de la Porte et protecteur naturel des chrétiens d'Orient, qu'il transmettait à la fois les remontrances et les bons conseils de la France au divan.

Tel fut le début de notre nouvelle action diplomatique dès les premiers jours de janvier 1842. Cette démarche habile entraîna la coopération des autres représentants de l'Europe. A peine en eurent-ils connaissance que sir Stratford Canning, M. de Sturmer et M. de Wagner se hâtèrent d'adresser des réclamations identiques à Sarim-Effendi, au nom de l'Angleterre, de l'Autriche et de la Prusse. Dès ce moment, M. de Titow, chargé d'affaires de Russie, qui paraissait disposé à se tenir à l'écart, craignit d'être blâmé par son gouvernement s'il n'imitait point la conduite de ses collègues, et, le dernier de tous, il envoya son drogman au ministre turc. C'est ainsi que fut rétabli le concert diplomatique à Constantinople six mois après la signature du traité des Détroits. Les représentants européens, approuvés par leurs gouvernements, suivirent dès ce jour à cinq une négociation qui ne pouvait avoir d'issue en effet que si la Porte était bien persuadée de l'accord réel de ses impérieux alliés.

La réponse de Sarim-Effendi fut dilatoire ; on devait s'y attendre. Le cabinet turc, ministère de réaction, composé d'hommes énergiques, rompus à la dissimulation et non pas sans talents, était décidé à poursuivre son dessein d'affranchir la Turquie de la tutelle de l'Europe, sans cependant jamais l'irriter. Il fut répondu successivement à chacun des envoyés qu'en nommant Omer-pacha, le séraskier avait obéi aux vœux des populations ; mais que si la Montagne se jugeait opprimée comme ils le prétendaient, la Porte aviserait. Il était bien difficile de faire croire à l'Europe que les Maronites, sinon les Druses, se montrassent satisfaits d'une nomination qui livrait leurs biens et leurs personnes aux caprices d'une administration despotique et toute portée de plus pour leurs ennemis : Omer-pacha fut chargé pourtant de ce tour de force, et il s'y prit du reste avec assez d'adresse. Du fond de sa retraite de Bet-Eddin, l'une des résidences fortifiées du vieil émir, il travailla sans relâche à réunir une quantité imposante de pétitions en faveur de l'administration turque. Il employait tour à tour la ruse et la violence pour les extorquer ; et quand ces deux moyens lui manquaient, il avait recours à la falsification des signatures et des cachets. Peut-être fut-il moins souvent forcé d'user de cette odieuse pratique, que ne l'ont cru les consuls qui la signalèrent. Les Druses à cette époque s'étaient mis à la merci des Turcs, dans l'espoir de perdre plus sûrement les Maronites. Chez les chrétiens, un grand nombre de chefs étaient égarés par leurs préjugés, et les adversaires les plus emportés de l'ancien ordre de choses se trouvaient précisément parmi les membres de l'innombrable famille de Chéâb. Quoi qu'il en soit, comme ces pétitions ne pouvaient arriver encore à Constantinople, que d'ailleurs les envoyés européens devenaient pressants, et que M. de Bourqueney surtout, mis au courant de tout ce qui se passait dans la Montagne par les rapports de M. Bourée, l'un des agents consulaires les plus distingués que la France ait en Orient, avait réfuté d'avance les objections de Sarim-Effendi, ce ministre annonça le 17 mars qu'il envoyait un commissaire spécial dans le Liban, chargé d'examiner les faits allégués par la diplomatie et que le divan avait confié cette mission à Sélim-bey (petit-fils du fameux pacha de Janina, gouverneur de Smyrne en 1839).

Il ne suffisait pas que l'Europe voulût mettre un terme à l'anarchie de la Montagne ; puisqu'elle déclarait à la Porte que la restauration du gouvernement national y pourrait seule ramener l'ordre et la tranquillité, il fallait qu'elle s'expliquât sur l'étendue de cette restauration. Le vieil émir Béchir avait à Constantinople des agents actifs et dévoués qui plaidaient sa cause auprès du divan et de l'ambassade de France. L'un d'eux, l'abbé Murad, ne cessait de solliciter M. de Bourqueney en faveur de son maître. Notre envoyé ne plaça point le différend de l'Europe avec la Porte sur une base aussi personnelle. C'eût été rompre l'unité d'action entre les diverses ambassades, qui seule pouvait contraindre le divan à des concessions efficaces. Il n'était pas probable que l'Angleterre, qui avait dépossédé le vieux Béchir et donné son titre à son neveu El-Cassim, consentît à faire une espèce d'acte public de repentir en abandonnant le second pour appuyer les droits du premier. Les cabinets, consultés sur ce point délicat, convinrent entre eux de proposer en principe le rétablissement du pouvoir de la famille Chéâb; et quoique lord Aberdeen eût mis en avant la nomination de l'émir Émin, fils du vieux Béchir, il fut arrêté à la fin qu'on s'abstiendrait d'imposer un candidat à la Porte. Le cabinet turc montra un dépit extrême de cette unanimité. Sarim-Effendi laissa percer sa mauvaise humeur dans la réponse qu'il fit à M. Cor (drogman de l'ambassade française), quand celui-ci lui eut communiqué ce résultat des instructions de M. Guizot à M. de Bourqueney : il ne concevait pas que les cabinets européens prissent en main la cause des Chéâb; ils se faisaient, à l'entendre, une fausse idée des droits de cette famille. « C'est la minorité des habitants, ajoutait-il, qui pense à ces *bergers dont vous voulez faire des princes*. La majorité veut un gouvernement régulier et fort. Eh bien! la Montagne est tranquille, et du reste Sélim-bey ne fait que d'arriver, etc. »

C'est vers le milieu du mois de mai que Sarim-Effendi laissait entrevoir par ces paroles ironiques son impatience du contrôle européen. Les dernières nouvelles de Beyrout avaient singulièrement relevé les espérances de la Porte ; elle venait d'apprendre le succès d'une habile manœuvre du séraskier, qui couronnait sa longue entreprise sur l'indépendance de la Montagne. Après s'être servi des Druses pour répandre la terreur parmi les Maronites, il venait d'abattre l'orgueil de ces dangereux alliés en exigeant tout à coup d'eux qu'ils payassent une indemnité de 2600 bourses à l'ex-émir El-Cassim dont ils avaient pillé les domaines dans le sac de Deïr-el-Kamar. Les Druses indignés avaient refusé d'obéir, et Omer-pacha, feignant de prêter l'oreille à leurs réclamations, avait convoqué leurs cheiks auprès de lui sous couleur d'ajuster le différend. Ceux-ci eurent l'imprudence de croire à sa bonne foi. A peine se furent-ils réunis au lieu du rendez-vous, qu'il les fit entourer par ses troupes et les dépouilla de leurs armes. Le bruit de cette perfidie produisit un revirement complet de sentiments dans la population druse. Elle se sépara des Turcs dont elle avait jusque-là soutenu la cause, et se sentant trop faible pour se mesurer seule avec eux, elle se retourna du côté des Maronites, et essaya de décider leurs adversaires de la veille à marcher contre *l'ennemi commun*. Les Maronites persistèrent dans leur inaction farouche. La politique de la Porte triomphait, et chacun de ses actes venait démasquer plus clairement ses intentions secrètes. Après s'être servie des Druses pour abattre les Maronites, elle venait de les écraser à leur tour. Tous les agents turcs avaient concouru à l'exécution de ce plan, et Sélim-bey, qu'on représentait à l'Europe comme chargé de s'enquérir de la conduite de Mustapha-pacha, s'était placé humblement sous les ordres du séraskier. En même temps, six mille Albanais, embarqués à Volo et à Salonique, arrivaient à Beyrout, devancés par l'effroi qu'inspire dans toutes les provinces le nom seul de cette terrible milice, et les pétitions obtenues par les moyens qu'on a dit, témoignage imposant de l'allégresse officielle de la Montagne, étaient dirigées sur Constantinople. Le système suivi par la Porte, il faut en convenir, ne manquait ni de suite ni même d'une certaine profondeur de machiavélisme.

Alors le divan jugea le moment venu de jouer devant l'Europe la comédie qu'il avait si laborieusement préparée. Le 27 mai, Sarim-Effendi invita les représentants des cinq cours à se rendre à son *yali de hissar* pour y recevoir la réponse qu'ils attendaient depuis trois mois, au sujet de la nomination d'Omer-pacha. Trois fonctionnaires turcs étaient présents à cette conférence : le ministre des affaires étrangères, le capitan-pacha et le président du conseil suprême. Ils déclarèrent au nom du divan que, quelque désir qu'ils eussent d'accéder aux conseils de l'Europe, comme ces conseils partaient de l'hypothèse du mécontentement de la Montagne, ils se croyaient autorisés à persister dans leur système actuel, attendu **que** le calme des populations et les nombreuses requêtes adressées à Constantinople, qu'ils mettaient sous les yeux des envoyés européens, prouvaient que ceux-ci avaient été induits en erreur. Les envoyés n'avaient que des preuves morales à opposer aux faits invoqués par les fonctionnaires turcs, ils ne réussirent point à ébranler leur apparente conviction. Tout ce qu'ils purent obtenir, après une conférence de six heures et demie, dans laquelle sir Stratford Canning et M. de Bourqueney soutinrent presque seuls le poids de la discussion, ce fut que l'état actuel des choses dans la Montagne ne serait point considéré comme définitif avant le retour de Sélim-bey.

Les cabinets européens étaient embarrassés. La mauvaise foi de la Porte était évidente. La Montagne, tranquille en effet pour le moment, non par la raison que le divan donnait, mais par suite des louables efforts du patriarche et de notre consul, était dans cette situation intolérable d'attente qui menace d'une crise, et cependant on commençait à désespérer de l'efficacité des moyens diplomatiques. Il y avait des moments où le cabinet anglais était sur le point d'abandonner la partie. M. de Metternich, stimulé au contraire par les difficultés, cherchait une combinaison nouvelle. Quant à M. Guizot, il s'inquiétait du mouvement de réaction qui se manifestait par tout l'empire ottoman. Il voyait que, non contente de tout brouiller dans la Montagne, la Porte recommençait à persécuter les chrétiens dans plusieurs provinces à la fois, en Bosnie, en Bulgarie, dans le district d'Adana, où Yzzet Méhémet-pacha venait de sévir contre eux. Aussi, dans sa juste indignation, enjoignit-il à M. de Bourqueney, par dépêche du 26 juillet, de faire au divan de vives représentations sur le spectacle de barbarie qu'offrait l'empire, ajoutant que la Porte devait y réfléchir sérieusement, *si elle ne voulait pas mettre la France dans la nécessité de recourir elle-même à des moyens de répression pour protéger des intérêts qu'elle ne saurait laisser sans appui.*

M. Guizot, en même temps, s'entendait avec les cabinets de Londres et de Vienne sur les instructions nouvelles qu'attendaient leurs envoyés à Constantinople, depuis que la réponse de Sarim-Effendi avait pour ainsi dire épuisé l'action diplomatique. Pour éviter de retomber dans la même impasse, on voulut tenir compte d'une objection considérable que la Porte avait faite, quand elle s'était plainte surtout qu'on la forçât de restaurer la famille Cheâb. On convint d'écarter cette cause de dissentiment, et l'on se rallia à une idée que M. de Metternich avait mise en avant dès le mois de juin, qui consistait à proposer un chef indigène pour chacune des deux races du Liban. Les nouvelles instructions envoyées par les cinq cours à leurs représentants furent donc basées sur cette donnée nouvelle, et rédigées presque littéralement dans le même sens. Leurs cinq envoyés à Constantinople reçurent l'ordre d'agir de concert comme ils avaient fait jusqu'alors, d'exiger le rappel d'Omer-pacha ainsi que des Albanais, de proposer la nomination d'un chef maronite et d'un chef druse (si ce moyen était praticable), lesquels relèveraient d'un pacha turc établi à Damas ou autre point voisin du Liban.

Munis de ces instructions, les représentants des cinq cours se réunirent le 27 août au palais de l'ambassadeur d'Angleterre pour se les communiquer. Il fut arrêté dans cette conférence que chacun d'eux enverrait successivement son drogman à Sarim-Effendi pour lui déclarer les intentions de sa cour; on convint d'excepter l'ancien émir Béchir de la candidature maronite; et, comme on venait d'apprendre que 2,500 Albanais avaient quitté la Montagne se dirigeant sur Mossoul, de se borner à demander le départ des 2,500 autres restés dans les forteresses. Au moment où cette démarche s'effectuait, Sélim-bey, arrivé de Syrie, entrait en libre pratique dans le port de Constantinople.

Cependant Sarim-Effendi fit attendre la réponse du divan jusqu'au 15 septembre. Ce jour-là, les représentants des puissances convoqués à son yali de hissar, y trouvèrent, outre Sarim, le président suprême de justice, Halil-Pacha; le grand-amiral; le grand-maréchal du palais, Riza-Pacha, qui représentait pour ainsi dire Sa Hautesse; Sélim-bey, récemment revenu de Beyrout; l'amedji du divan et le premier interprète. Il semblait, à voir cette réunion imposante, que Sarim eût appelé les ministres étrangers pour leur déclarer qu'instruite par les rapports de Sélim-bey de son erreur sur le véritable état de la Montagne, la Porte consentait enfin aux arrangements proposés par l'Europe. Il réservait une autre surprise à ses auditeurs. Il leur déclara qu'il adoptait le plan proposé, avec cette simple modification : les deux chefs de la Montagne seraient musulmans, ils relèveraient du pacha de Saïda, et les Maronites ainsi que les Druses auraient un député de leur religion auprès d'Essad, récemment nommé à ce pachalik. En vain M. de Bourqueney et sir S. Canning démontrèrent à Sarim que sa modification détruisait toute l'économie du projet européen, le ministre turc tint bon, et, poussé à bout, s'en tira par son échappatoire ordinaire : la résolution n'était encore que provisoire ; la Porte aviserait.

Revenus de cette conférence, les envoyés crurent parer au nouvel incident en imaginant une combinaison mixte. Pour amener la Porte à consentir à la nomination de deux chefs indigènes, on lui aurait accordé un résident turc auprès de chacun d'eux, et la faculté de placer un cordon de troupes régulières chargé de prévenir les collisions entre les deux races ; d'un autre côté, un hatti-sheriff aurait confirmé les priviléges de la Montagne, fondés jusque-là seulement sur la tradition. Ce projet n'eut pas de suite ; nous ne le citons que pour montrer qu'il arrive un moment en diplomatie où, en voulant se tirer d'une situation compliquée, on la complique davantage. M. Guizot n'eut pas de peine à prouver à M. de Bourqueney combien ce plan était peu praticable. Il avait pour principe d'ailleurs, qu'il ne faut jamais faire aux Turcs que des propositions tout unies, dont ils puissent se rendre compte à la première vue. Il écrivait à M. de Saint-Aulaire, le 31 octobre, à ce sujet, cette phrase vraiment remarquable : « A Constantinople plus qu'ailleurs, c'est par les voies simples et directes qu'on a le plus de chances d'arriver au but que l'on se propose, et ces moyens-termes, ces palliatifs qui dans d'autres pays peuvent quelquefois faciliter les concessions et les transactions, en ménageant les amours-propres, sont de peu d'usage auprès d'un peuple fort disposé à céder, sans éprouver d'humiliation, à l'évidence de la nécessité, mais seulement à cette évidence. »

La dernière résistance de la Porte était difficile à expliquer. Jamais l'accord des cinq cours n'avait été plus complet que dans cette circonstance. On ne peut pas douter que M. de Boutenieff (il venait de remplacer M. de Titow), préoccupé uniquement alors de l'affaire de Servie, ne mît un empressement sincère à terminer celle du Liban dans le sens le plus agréable aux autres cours. Mais il paraît que la Porte avait reçu de l'un de ses agents en Europe l'assurance que l'on n'en viendrait jamais contre elle jusqu'à l'emploi de la force. M. Guizot voulut qu'on la détrompât sur ce point, et pour sa part, il chargea, par sa dépêche du 25 novembre 1842, M. de Sainte-Aulaire, de déclarer à Londres que la France ne pourrait pas toujours borner sa protection à des conseils dont on tenait si peu de compte. Les choses ne devaient pas en venir aux dernières extrémités. Ce que M. de Bourqueney avait prévu depuis long-temps, ce qu'il n'avait cessé de prédire à la Porte, arriva enfin. De nouveaux troubles éclatèrent en Syrie; les chrétiens se lassèrent d'attendre; les Druses voulurent prendre leur revanche; il y eut des collisions entre les chrétiens et les troupes turques dans le district de Bechana et sur la route de Damas. Un mois plus tard, un chef druse qui avait pris l'année précédente une part très-active à la spoliation des chrétiens, Chübly-el-Anan, quitta subitement Damas et se jeta dans la Montagne, où il appela ses compatriotes à la révolte. Il dépendait des Maronites, en se joignant à l'insurrection, d'opérer la délivrance de la Montagne. Aigris par le souvenir de leurs anciennes injures, ils laissèrent une seconde fois les Druses à leurs propres ressources. Le péril fut pourtant si grave, qu'Omer-pacha, assiégé dans Bet-Eddin, ne dut son salut qu'à une manœuvre habile d'Essad-pacha, qui fit débarquer pendant la nuit un détachement de troupes sur la côte, lequel inquiéta Chubly-el-Anan sur ses moyens de retraite, et le força de prendre la fuite.

Ces événements déterminèrent la Porte à accepter les conditions de l'Europe, ou du moins à en faire le semblant. Le 17 décembre, elle annonça aux envoyés des cinq cours que, tout en restant convaincue de l'excellence de son système d'administration, elle adoptait celui qu'on lui conseillait. Essad-pacha fut chargé de nommer les deux caïmacans indigènes; il assembla les chefs de la Montagne, et, sur leur avis, nomma l'émir Roslan pour les Druses et l'émir Haïdar pour les Maronites : l'un tiré d'une tribu ob-

scure, l'autre choisi en dehors de la famille de Chéâb. Enfin
la question semble être arrivée à son terme; et M. Guizot en
accepte la conclusion tout en exprimant le regret que la Porte ait
adopté une mesure incomplète et précaire, en excluant la famille
Cheâb « contrairement aux droits qu'elle tient du passé, et peut-
être aussi contrairement au vœu des populations » (dépêche à M. de
Bourqueney, 6 janvier 1843). Mais la Porte réservait une dernière surprise à l'Europe. Ingénieuse jusqu'au bout comme les enfants partagés entre la nécessité et le dépit de céder, elle imagina
de détacher du gouvernement de la Montagne le district de Djebaïl, sous prétexte que l'émir Béchir ne l'avait possédé autrefois
qu'à titre de ferme (*mukata*), et d'en confier l'administration à un
colonel turc, Kadry-bey. Il ne s'agissait de rien moins que de soustraire la moitié de la Montagne au gouvernement nouveau. Voilà
l'alarme répandue dans les légations de Constantinople. Où la Porte
en veut-elle venir? Les cabinets, informés de ce nouvel embarras,
en conçoivent de l'humeur, et M. Guizot écrit, le 24 février 1843,
à M. de Bourqueney, que si la Porte fait tant de difficultés, ce qu'il
y aura de mieux à faire, c'est de revenir au régime antérieur. Heu-
reusement, le 7 mars, la Porte se sentit sur ses fins; elle aban-
donna l'incident de Djebaïl, et promit même que l'impôt particulier payé par les *mukatas* de ce district se confondrait avec l'impôt total fixé à 3,500 bourses. Voilà enfin le sort de la Montagne fixé:
il ne reste plus qu'à régler les indemnités dues aux victimes des
derniers troubles. Essad-pacha s'occupa de ce soin, et il faut
convenir qu'il sut être juste envers les Maronites. Il repoussa nettement la prétention assez impudente des Druses, qui opposaient, à la
somme de 97,000 bourses réclamée par les chrétiens, une contre-
réclamation de 130,000; s'établissant ainsi les créanciers de ceux
qu'ils avaient ruinés. L'assemblée où se traita cette affaire fut
témoin d'une altercation qu'il faut citer ici, pour montrer combien
l'animosité était vive encore entre les chrétiens et les Druses. L'é-
mir druse Roslan disputait le pas à l'émir chrétien Haïdar; il lui
arriva de donner pour raison qu'il était musulman. Sur ce propos,
l'évêque délégué du patriarche se leva, et dit qu'en faisant cet

aveu, Ahmet-Roslan se déclarait incapable de gouverner les Druses. Il fallut qu'Essad-pacha contraignît l'émir à se rétracter; mais une semblable querelle faisait mal augurer de la tranquillité future de la Montagne.

Ici s'arrêtera, pour le moment, notre récit. Au point d'arrêt où en est arrivée la négociation que nous avons racontée, il est nécessaire d'en juger l'ensemble.

Ce qui frappe tout d'abord, c'est la réaction de nationalité qui se manifeste chez les Turcs après les événements de 1840. Le divan retourne contre l'Europe ses déclarations en faveur de l'intégrité de l'empire turc et des droits de souveraineté du sultan, et chaque fois que les cinq cours lui adressent des avis et des représentations, il ne déguise pas l'impatience que lui fait éprouver l'ingérence perpétuelle de l'étranger dans ses affaires intérieures. Sarim-Effendi laisse percer ce sentiment dans toutes ses entrevues avec M. Cor; il s'oublie même un jour jusqu'à dire : «Ne me parlez pas de l'Europe, nous en sommes ennuyés. » Le plus souvent, il explique sa pensée au sujet de l'intervention européenne avec une franchise pleine d'originalité. «Vous nous rendez, j'espère, dit-il, le 6 février, au drogman de M. de Bourqueney, assez de justice, pour penser que, si nous ne sommes pas des hommes d'État comme il y en a en Europe, nous ne sommes pas fous. Nous ne voulons pas nous créer des embarras sans profit, et donner des prétextes à l'intervention européenne. Je puis comparer l'empire ottoman à une maison dont le propriétaire veut être tranquille chez lui, et qui est intéressé à ce que ses voisins n'aient pas à se plaindre de lui. S'il devenait fou ou ivrogne, s'il incommodait ses voisins, si, par exemple, il renversait son *mangal* de manière à allumer un incendie qui menacerait le voisinage, alors il faudrait venir mettre l'ordre chez lui. » Dans une autre conférence, le 7 octobre, il fait, au sujet de l'intervention européenne, une profession de foi curieuse, en ce qu'elle révèle chez les chefs du parti national en Turquie l'étude intelligente de leur nouvelle situation. «Croyez-le bien, je ne suis point ennemi de l'intervention *convenable* des puissances dans nos affaires. Nous sommes entrés dans le droit public européen, et j'en sais les conséquences. L'Europe ne fait, pour ainsi dire, qu'un seul corps, dont les mouvements sont réglés en commun. Autrefois, nous repoussions un pareil état de choses, et, encore aujourd'hui, quelques-uns d'entre nous lui sont contraires; mais le concert européen est plus sûr et plus *profitable* pour nous que notre ancien isolement, qui nous portait à résister souvent sans motif et à provoquer contre nous des colères fécondes en malheurs. »

Ces paroles donnent la clef de la conduite du divan dans toute cette affaire de Syrie. Au lieu de se refuser, comme il aurait fait autrefois, à tout accommodement, il a accepté le terrain de la diplomatie, espérant bien la dérouter, la lasser, et enfin la désunir; et le jour où il a compris que même ce jeu serré ne romprait pas son accord, il a cédé d'assez bonne grâce. Malheureusement une pareille tactique a des inconvénients graves pour les deux parties. Elle force l'Europe à se mêler de détails qui, en réalité, passent sa compétence; elle tend à déconsidérer le pouvoir du sultan en montrant à la fois aux populations musulmanes qui s'en indignent et à leurs vassaux qui en conçoivent de dangereuses espérances, que le règlement des affaires intérieures de l'empire est soumis désormais au contrôle incessant de ses puissants alliés. Ainsi dans la négociation dont nous venons de rendre compte, nous voyons les cinq cours d'abord provoquer l'envoi d'un commissaire extraordinaire dans la Montagne, ensuite demander son rappel, puis accuser des fonctionnaires ottomans d'actes de faux si scandaleux que le châtiment partout ailleurs ne se serait pas arrêté à leur destitution; nous voyons encore des consuls étrangers qu'un juste sentiment d'humanité conduit à contrebalancer par leur influence auprès des indigènes l'inertie malveillante du pouvoir, usurpant ainsi la mission de l'autorité et de la magistrature légale. Cette ingérence de tous les jours dans les affaires domestiques de la Turquie, en même temps qu'elle blesse l'orgueil des vieux musulmans, finit à la longue par répugner aux cinq cours elles-mêmes, qui en reconnaissent l'ennui et le péril. Et cependant force leur est d'y recourir toutes les fois qu'elles ont à traiter, comme dans les

circonstances que nous avons décrites, avec un ministère réactionnaire assez habile pour opposer à l'union des cinq cours la contrariété de quelques-uns de leurs intérêts individuels, assez prudent pour abandonner cette manœuvre quand elle pourrait tourner
contre lui. Cette ingérence continuelle a d'autres inconvénients
encore, c'est qu'elle prolonge indéfiniment les difficultés et conduit
à des solutions fausses qui en enfantent d'autres. Chaque mesure de
quelque importance arrêtée entre les représentants de Constantinople
n'est définitive que quand elle a été soumise à l'approbation des
cinq cours. Il faut envoyer des courriers à des distances énormes,
à Londres, à Saint-Pétersbourg, il faut que les cinq cours ellesmêmes, avant de rien conclure, échangent des courriers entre elles.
Elles ont beau avoir donné à leurs envoyés des pleins-pouvoirs
arrêtés d'un commun accord; elles se sont entendues sur les
éventualités probables, elles n'ont pu parer à l'imprévu qui est
l'occurrence ordinaire sous le régime capricieux du despotisme en
Orient. Dans la négociation qu'on vient de voir, il a fallu renouveler deux fois les instructions générales; et pendant que l'action
diplomatique à Constantinople était paralysée par cette attente, de
nouveaux incidents surgissaient que ces instructions en chemin
n'avaient pu prévoir. Ce n'est pas tout : il est déjà bien difficile
de connaître le vrai en toute chose dans un empire qu'on gouverne
soi-même : combien n'est-on pas exposé davantage à se tromper de
bonne foi quand il s'agit d'intervenir par voie indirecte dans les
détails d'une administration aussi éloignée! Ainsi l'idée d'une autorité double pour la Montagne, dont l'adoption termine notre récit,
était un compromis juste en soi et parfaitement fondé sur l'hostilité évidente des deux races, mais les cinq cours pouvaient-elles
supposer tous les obstacles que ce compromis rencontrerait dans la
pratique avant que l'expérience soit venue les leur montrer,
comme on le verra plus tard? Et cependant nous ne faisons pas
ces observations pour condamner l'ingérence résultant de l'accord
des cinq cours. Elle est moins dangereuse assurément que l'influence exclusive d'une seule puissance, comme l'a prouvé le traité
d'Unkiar-Skelessi; que l'intervention violente de quelques-unes,

comme l'a prouvé le traité du 15 juillet ; mais comme cette ingérence appelée par une décadence que l'Europe voudrait retarder, parce qu'elle en redoute avec raison l'inévitable terme, ne s'exerce pas sans affaiblir l'élément national d'où dépend la durée de l'empire ottoman, il en résulte qu'en essayant de le soutenir, elle aggrave son état d'impuissance, et chaque jour se rend plus nécessaire.

C'est là un de ces cercles vicieux que l'esprit de prévoyance politique doit signaler, mais dont on ne peut guère sortir quand il enveloppe toute chose. Les cinq cours ne pouvaient agir autrement qu'elles n'ont fait dans leurs négociations avec la Porte de 1841 à 1843, et notre cabinet a eu raison d'accepter la solution de l'affaire du Liban telle que nous l'avons racontée, quelque défiance et quelque regret que cette solution lui inspirât. M. Guizot aurait voulu la restauration d'un gouvernement national et unique dans la Montagne, la reconstitution du régime établi à la suite d'un demi-siècle de luttes et de patience. Malheureusement l'hostilité excitée entre les deux races par les événements de 1840 en avait détruit la base principale. Non-seulement la réintégration du vieil émir était impraticable, mais il était devenu impossible de transmettre dans sa famille un droit de souveraineté qu'il tenait avant tout de son génie. M. Guizot aurait désiré au moins qu'un membre de la famille Chéâb eût été revêtu de l'une des deux autorités indigènes que la Porte consentait à créer ; en insistant sur ce point il aurait attenté aux droits du sultan, qu'une convention solennelle venait de reconnaître dans l'intérêt de la paix universelle. Il a dû borner son rôle à la protection générale des populations chrétiennes et au maintien du droit particulier, que d'anciens traités et la prescription des siècles assurent à la France. Sous ce rapport, tous les actes de sa politique sont inattaquables ; chaque fois que ce devoir s'est présenté à lui sous la forme d'une question complexe, où le concours de nos alliés était légitime, il l'a traitée dans la mesure naturelle de notre ascendant sur les conseils de la Porte ; quand des circonstances sont survenues, où il était de sa dignité d'agir seul, il n'a pas hésité, et pour être isolées, ses remontrances n'en ont pas moins triomphé, soit du mauvais vouloir, soit (pour emprunter ici au vocabulaire politique des Anglais un de leurs mots les plus expressifs), du système de *procrastination* que semble avoir adopté désormais la Porte. M. Guizot a donné une preuve bien décisive de sa fermeté dans deux occasions que l'on n'aura pas oubliées. Rappelons-les avant de terminer cette première partie de notre travail. Les religieux catholiques, gardiens du Saint-Sépulcre, réclamaient contre le firman de 1840, qui avait accordé à ceux du rit grec la restauration de la grande coupole de la Camana. On attribuait ce transfert d'un des priviléges les plus précieux de nos coreligionnaires, à l'influence russe, qui s'étudie partout à étendre les droits de l'église grecque aux dépens de celle de Rome. M. Guizot chargea M. de Bourqueney, avant son départ pour Constantinople, de protester contre l'exécution de ce firman. Le 15 avril 1842, M. de Bourqueney annonçait au cabinet que « les Grecs ne toucheraient pas à la grande coupole de l'église du Saint-Sépulcre. » Quant au second fait, le voici : dans les premiers jours de juin, la nouvelle arrivait à Constantinople et à Paris, qu'une violence indigne avait été commise par deux soldats albanais, dans les rues de Beyrout, sur la personne d'un de nos officiers de marine. M. de Bourqueney eut le bonheur de devancer les ordres énergiques qu'il reçut plus tard de M. Guizot. Vingt-quatre heures après, la France obtenait de la Porte la réparation complète qu'exigeait cet outrage.

SECONDE PARTIE.

(1845-1846.)

I

NOUVELLE INSURRECTION DU LIBAN.

(1845.)

L'arrangement de décembre 1842, nous l'avons dit, était inattaquable en stricte équité, et le seul peut-être qui alors, dans les circonstances délicates où l'Europe s'était mise vis-à-vis de la Porte, pût être raisonnablement imposé à celle-ci. Mais il péchait par un côté considérable ; c'était un principe, ce n'était pas encore une mesure pratique. La diplomatie avait pris à la vérité pour base le point capital de la question : une situation nouvelle amenée par les événements de 1840, cette haine de race qui semblait s'opposer alors au rétablissement de l'ancienne unité ; mais elle avait procédé dans l'application d'une théorie juste en soi, comme si la Montagne, également partagée entre les Maronites et les Druses, offrait deux divisions bien distinctes dont la lisière aurait été tout au plus occupée par une population mixte. Or il n'en était pas ainsi. On pouvait faire sans doute deux parts du Liban : l'une, qui monte vers le nord au delà de Beyrout, est habitée par une population entièrement chrétienne ; mais la seconde, qui va depuis Beyrout jusqu'à Saïda, qui est tout aussi étendue, qui avait été le foyer constant des troubles, présente comme un tissu mêlé des deux populations, si ce n'est peut-être dans les districts les plus méridionaux, le Djezzin et le Teffat, où reparaît la prépondérance numérique des Maronites ; et, chose remarquable, nulle part les Druses n'offrent de centre d'agglomération qu'ils aient peuplé exclusivement. Le tableau suivant, dressé par les soins du consulat français de Beyrout, fait ressortir ce fait dont on n'avait point tenu compte.

ÉNUMÉRATION

DES HOMMES EN ÉTAT DE PORTER LES ARMES DANS LE LIBAN.

DISTRICTS MIXTES.	MARONITES.	GRECS catholiques.	GRECS du rit d'Orient.	DRUSES.	MUSULMANS et Metualis.	TOTAUX.
Deïr-el-Kamar . . .	660	390	»	140	»	1,248
Deux-Choufs. . . .	250	685	75	1,700	»	2,710
Arkoub	350	350	»	680	»	1,380
Djurd.	440	»	110	748	»	1,298
Deux-Garb	221	200	700	1,030	7	2,068
Menassef	190	150	»	340	»	680
Chahar	550	150	200	360	»	1,260
Djezzin	900	550	»	120	»	1,570
Teffah.	200	600	»	»	25	825
Kharroub	200	400	»	»	850	1,450
Metn et Zahlé . . .	2,660	4,700	2,550	1,420	502	11,722
Sahel.	1,250	150	200	»	282	1,882
	7,861	8,325	3,835	6,538	1,860	28,093
DISTRICTS CHRÉTIENS.						
Kesrouan, Djebaïl, Batroun, Béchané et Nourra.	12,500	300	2,500	»	580	15,880
	20,361	8,625	6,335	6,538	2,440	43,973

Ces chiffres, comme tout exposé statistique, appellent un commentaire. Il semble, à les juger au premier aspect, que les Druses ne soient fondés nulle part à revendiquer un droit de prépondérance puisqu'ils forment presque partout la minorité. Cependant, par suite de leurs richesses et de l'ancienne hiérarchie féodale, ils possèdent une influence réelle sur les districts du milieu; aussi Béchir, qui avait établi son pouvoir sur les faits, consentit à leur laisser une sorte d'indépendance dans les deux Gharbs et dans le Djurd. La diplomatie n'avait pas en vue d'organiser avant tout le gouvernement de la partie chrétienne; celle-ci offrait une population homogène, étroitement unie d'intentions et d'intérêts, et savait opposer une résistance efficace aux empiétements de ses ennemis. C'était le sort des habitants chrétiens de la partie mixte, que l'Europe s'était fait un devoir de soustraire aux caprices de l'oppression druse. Là où règnent les puissantes familles d'Abou-Nekad et de Djumblâd, que l'on avait vues apparaître au premier rang dans tous les troubles, se trouvent situés les bourgs, les églises, les couvents pillés en 1841; toutes les scènes de violence dont l'Europe s'était émue avaient eu cette partie du Liban pour théâtre. Eh bien, l'arrangement de 1842 n'offrait d'autre garantie aux Maronites sur ce point que la bonne foi très-suspecte de la Porte, puisqu'à elle seule était dévolu le soin de faire passer le mode théorique de l'administration double à l'état d'application. Nous ne pouvons croire que la diplomatie n'eût pas entrevu cette difficulté; le regret que M. Guizot ne cessa d'exprimer en faveur de l'ancien système n'a pu laisser aucun doute à cet égard dans l'esprit des quatre autres cours. Mais l'action pacifique des puissances sur les conseils de la Porte avait été tendue à l'extrême; on ne pouvait aller plus loin sans risquer de s'engager dans la voie de la coercition. Arrivée ainsi à la limite qu'elle avait trop de motifs de n'oser point franchir, l'intervention européenne s'était vue forcée de s'arrêter au milieu de son œuvre et d'attendre du bon sens de la Porte qu'elle entreprît sincèrement de la compléter. Le caractère connu du pacha qui la représentait auprès des peuples du Liban, autorisait cette espérance.

Essad, nous nous plaisons à le reconnaître, eut le mérite de conserver dans tous ces actes les dehors de la justice et de la modération. Il n'établit pas d'une manière définitive le système de l'administration double; peut-être ses instructions secrètes s'y opposaient-elles; mais il sut tenir une balance égale entre les prétentions iniques des Druses et les droits incontestables des Maronites. Les Druses ayant réclamé pour leur émir le gouvernement exclusif des districts mixtes, il décida que provisoirement tous les chrétiens, en quelque partie de la Montagne qu'ils fussent établis, dépendraient de leur caïmacan naturel. Or cette mesure ajournait la difficulté de la théorie européenne; elle ne la résolvait pas. En réalité le système de l'administration double n'était pas mis en pratique, et la Porte conservait, sous une forme moins insultante, la domination exclusive qu'elle s'était arrogée sur le Liban dès le jour où la Syrie lui fut restituée. Le provisoire fut accepté par les représentants des cinq cours à Constantinople : satisfaits de voir l'ordre rétabli dans la Montagne, espérant toujours que le temps affaiblirait les causes de haine entre les deux races, et qu'un jour viendrait où la prépondérance chrétienne se relèverait d'elle-même, ils évitaient d'irriter le divan par la reprise d'une ingérence dont ils savaient le danger. Des rapports venus de Beyrout vers le milieu de 1844 vinrent les arracher forcément à cette prudente inaction.

Les consuls des cinq puissances, accrédités dans cette ville, voyant les choses de plus près, ne pouvaient se tromper sur la tranquillité apparente de la Montagne. M. Bourée en particulier ne cacha point à M. de Bourqueney que le système de temporisation adopté par Essad-pacha conduisait tout droit à de nouveaux conflits; il soutint, et l'événement prouva combien ses pressentiments étaient fondés, que les deux populations n'étaient tranquilles que parce que chacune d'elles attendait encore une décision qui, en mettant un terme au provisoire, lui serait favorable; que si cette décision tardait plus long-temps, elles s'armeraient de nouveau; son opinion était qu'il fallait leur imposer enfin un système qui fût définitif et se mettre en mesure de contenir les Druses, qui, si ce système était équitable, se considéreraient comme sacrifiés.

C'est alors que les représentants des cinq cours firent une première démarche significative auprès de la Porte, après une longue interruption de leurs remontrances journalières au sujet du Liban; ils la pressèrent de ne plus différer l'exécution de ses engagements vis-à-vis des Maronites et des Druses, et d'arrêter des moyens pratiques qui lui permettraient de les remplir. Le divan, mis en demeure de tenir sa promesse, eut recours à son moyen ordinaire d'envoyer un de ses membres sur les lieux. Le capitan-pacha, Halil-pacha, reçut la mission de se rendre en Syrie pour décider par lui-même ce que les circonstances commandaient de faire (juillet 1844). Trois mois après, la Porte adoptait quelques mesures pratiques destinées a compléter le système de l'administration double. Les habitants de Deïr-el-Kamar, l'ancienne résidence de l'émir Béchir, qui sont pour la plupart chrétiens, avaient fait valoir, dès 1843, la position exceptionnelle de leur ville entourée d'une population druse. La Porte avait imaginé d'y instituer deux *vékils*, l'un chrétien, l'autre druse, qui serviraient d'intermédiaire à leurs coreligionnaires auprès de leur chef naturel. Ce système fut généralisé; on accorda des vékils à tous les territoires mixtes, et afin que dans l'avenir les chrétiens en vinssent à former des groupes homogènes plus considérables, on les autorisa à émigrer dans les districts de leur religion. D'autres mesures réparatrices accompagnèrent cet acte. Quoique fixée depuis dix-huit mois à la somme de 13,500 bourses, l'indemnité due aux Maronites n'avait pas encore été liquidée; il fut décidé qu'elle serait immédiatement payée : 3,500 bourses par les Druses et le reste sur les revenus du *sandjak* de Saïda. Jusqu'alors les cheiks Nakif et Hamond, qui avaient dirigé les massacres de 1841, étaient demeurés impunis. On prononça leur déchéance; et ce châtiment rapproché de la décision sur Deïr-el-Kamar, qui avait privé les Abou-Nekad de leur fief, prouvait ou qu'en ce moment la Porte croyait n'avoir rien à craindre des Druses, ou qu'elle n'était pas fâchée de raviver leurs ressentiments.

Le divan venait à peine de donner aux représentants des cinq cours connaissance de ces moyens, destinés à compléter la théorie de 1842, que les pressentiments de notre consul à Beyrout se réalisèrent. Les Druses, qui savaient que tout arrangement définitif les ferait descendre du rang injuste où la protection secrète des Turcs et le terrorisme de 1842 les avaient élevés, s'étaient préparés par des conspirations à reprendre le rôle agressif qui leur avait si bien réussi dans ces jours funestes. Ils se concertaient déjà dans des réunions secrètes pour une insurrection nouvelle. Pendant que les autorités musulmanes s'occupaient ostensiblement à régler les mesures dont nous avons parlé, on apprit qu'un grand nombre de leurs cheiks s'étaient réunis à Moktara. On ignorait encore les résolutions prises dans cette assemblée qu'ils avaient eu la précaution d'entourer du plus profond mystère; mais des assassinats isolés, bientôt commis sur de malheureux chrétiens, n'en laissèrent que trop soupçonner la tendance. Dès ce moment une agitation extraordinaire se manifesta dans tous les districts, chacun comprit que l'explosion ajournée depuis deux ans par l'habileté d'Essad-pacha allait enfin éclater.

Si la Porte était sincère dans les assurances officielles qu'elle ne cessait de donner, de sa ferme intention d'exécuter loyalement l'arrangement de 1842, elle était tenue de confier la répression des troubles prochains à l'homme qui avait su les éloigner, qui avait mérité les éloges de l'Europe, et donné dès son arrivée en Syrie, dans une situation presque aussi critique, des preuves incontestables de prudence, de modération et de vigueur. Croirait-on qu'au moment où l'emploi de ces précieuses qualités devenait plus que jamais nécessaire, la Porte rappela le pacha de Saïda et confia son autorité à Vedgi-pacha, nommé gouverneur de Beyrout, quoiqu'elle sût bien qu'il s'était fait haïr par sa duplicité et son fanatisme dans le gouvernement d'Alep! Cette mesure, qui dénoterait le plus étrange égarement, si elle n'était pas le résultat logique d'un système opiniâtre, prouve que la Porte n'avait jamais fait une concession aux importunités de l'Europe sans nourrir l'arrière-pensée de la rendre illusoire, qu'elle n'avait jamais renoncé à son dessein d'abolir les priviléges de la Montagne, et ne voyait plus de danger à lever le masque, au moment où il s'agissait pour elle de mettre à profit le désordre qu'elle avait attisé.

Vedgi-pacha prit possession du gouvernement de Beyrout au commencement du mois d'avril. A peine installé, il ne dissimula pas sa désapprobation personnelle de l'arrangement de 1842; et comme pour dessiner plus vivement la politique de réaction dont il se félicitait d'être l'instrument, il fit relâcher les auteurs des meurtres mystérieux dont nous avons parlé; cette preuve de sa partialité à l'égard des Druses n'était pas assez révoltante, il alla plus loin, il envoya des troupes turques sur les lieux où les chrétiens étaient en force, afin de protéger les agresseurs contre les justes vengeances auxquelles ils auraient été exposés. En vain les consuls de France, de Prusse et d'Autriche se réunirent sur ces premiers symptômes d'une politique mauvaise, et essayèrent de réveiller en lui les plus simples sentiments de l'humanité; en vain des chrétiens accoururent de leur propre mouvement implorer sa protection; il feignit de ne pas croire aux périls qu'on lui annonçait. Le 30 avril, l'insurrection prévue éclata et ce furent les Druses qui en donnèrent le signal.

Les excès commis dès ce jour par cette population vindicative dépassèrent en horreur ceux qui avaient fait frémir l'Europe en 1841. Dans le Sahel, dans le Djurd, dans le Metn, des villages chrétiens furent attaqués à l'improviste et livrés, presque sous les yeux de l'autorité turque, à toutes les cruautés raffinées qui ensanglantent les discordes civiles chez les peuplades à demi sauvages. De leur côté les Maronites ne laissèrent pas d'exercer sur leurs ennemis d'affreuses représailles. Quelle aurait dû être la conduite du nouveau pacha dans cette crise? Et en faisant cette question, nous voulons bien nous placer au point de vue exclusif de l'intérêt musulman. Il aurait dû s'interposer aussitôt entre les deux races, mettre un terme à l'effusion du sang et fournir à la Porte, par ce témoignage pompeux de son humanité, un prétexte plausible pour représenter à l'Europe tout mode de gouvernement national comme désormais impraticable dans la Montagne, et en inférer la nécessité d'une protection durable de la part du sultan. Les proconsuls turcs ne sont point en général assez libres de préventions et de fanatisme pour obéir à ces conseils de la plus vulgaire politique. Ils ne savent point résister, quand le sang chrétien coule, à l'envie impérieuse d'en verser davantage. Fermant l'oreille aux plaintes réitérées des consuls, Vedgi envoya sur le théâtre de ces horribles désordres des troupes régulières qui s'y associèrent pour leur propre compte. Les Turcs commirent des pillages à Hadet, à Vadichahrour, etc., tirèrent sur les Maronites à Mascheya, et poussèrent l'oubli de leur devoir jusqu'à fusiller à Deïr-el-Kamar sept chrétiens que les Druses leur livrèrent. Il semblait que les musulmans de Syrie vissent dans ce mouvement une guerre sainte entreprise contre les infidèles; il en est qui sortirent de Beyrout pour aller prendre part au massacre des Maronites. Le récit de cette seconde insurrection est d'une horreur monotone; il faut cependant le poursuivre jusqu'au bout. Le 5 mai, la lassitude des agresseurs amena une trêve qui ne dura que deux jours. Le 7, les meurtres et les pillages recommencèrent. Cette fois les officiers turcs ne prirent pas la peine de déguiser leur scandaleuse coopération; ils suivirent ouvertement les expéditions des insurgés druses et leur prêtèrent un funeste appui. Ainsi Nassib-pacha ordonna l'évacuation de quelques villages chrétiens qui furent abandonnés ensuite aux brigandages des Druses. A Badouera, les Maronites s'étant laissé désarmer par les Turcs, ceux-ci se livrèrent aussitôt à un massacre systématique sur la population sans défense. Mais nous avons à raconter des actes plus cruels encore qui ont produit une sensation douloureuse par toute la chrétienté. Dans les révoltes précédentes, la personne des religieux européens, que les anciennes capitulations ont placés sous la protection de la France, avait été soigneusement respectée. Le cheik Hamond-Abou-Nekad, que nous avions fait exiler pour sa participation aux troubles de 1841, venait d'être rappelé du Hauran par Vedgi-pacha, au mépris de l'engagement formel de la Porte. Entraîné peut-être par le désir furieux de se venger de la France en la frappant au seul endroit où il pouvait l'atteindre, il reforma bientôt la faction de ses vassaux et les dirigea sur les couvents de Solima et d'Habeil. Le premier fut entièrement ravagé, et les religieux forcés de prendre la fuite ; le second fut livré aux flammes, et c'est alors qu'un malheureux prêtre, le père François, qui accourait à la lueur de l'incendie, après avoir été fait prisonnier par les Druses, périt dans des tourments cruels en présence d'un détachement turc de deux cents hommes et du major qui le commandait. Ce n'est pas tout ; le cheik, par un raffinement de barbarie, fit déterrer le lendemain le cadavre du moine et livra des restes inanimés aux mutilations impuissantes de ces bourreaux.

Encore un épisode plus monstrueux peut-être, et nous aurons rempli notre pénible tâche. Un cheik druse, aussi considérable que Hamond, Saïd-Djumblâd, ayant pénétré dans le Bekka avec une troupe de ses partisans auxquels des soldats turcs étaient venus se joindre, les habitants chrétiens, en fuyant devant lui, avaient eu le bonheur de se réfugier à temps dans le bourg de Djezzin et de s'y pouvoir fortifier. Saïd désespérait d'y pénétrer autrement que par la trahison : Vedgi-pacha se chargea de cet odieux rôle. Il venait de donner, quatre jours auparavant (le 10 mai), l'assurance formelle aux consuls que les Druses avaient fait leur soumission, et il tenait sans doute à finir lui-même leur sanglante besogne pour n'en avoir pas le démenti. Sur la nouvelle de l'investissement de Djezzin, il envoie courrier sur courrier aux défenseurs de ce bourg ; il leur fait répéter l'assurance qu'ils n'ont rien à craindre des Druses ; il en expédie jusqu'à onze. Les malheureux chrétiens croient à sa parole, se relâchent de leur surveillance, et Djezzin est bientôt envahi par Saïd. Ce fut le signal d'une boucherie affreuse : des prêtres inoffensifs furent égorgés sans pitié, des femmes pendues par les cheveux après avoir subi les derniers outrages, des enfants déchirés en morceaux, et cependant les Turcs, commandés par Cassem-aga, demeurèrent spectateurs passifs de ces actes infâmes. Les Druses avaient assouvi leur fureur ; les Maronites étaient terrorisés. Un calme désolé se rétablit dans le territoire mixte. Vedgi, dont le but était atteint, n'hésita plus à promettre aux consuls qu'il maintiendrait la trêve jusque-là sol-

licitée en vain ; puis, comme si la révolte n'avait été qu'une échauf-
fourée indigne de fixer plus long-temps son attention, il invita les
cheiks des deux races à se rendre auprès de lui pour recevoir
notification des changements introduits au système de 1842. Cette
conférence eut le résultat qu'il en attendait sans doute. Les Druses
déclarèrent nettement qu'ils n'accepteraient point le régime des
vékils. Ainsi se trouva consommée l'entreprise dont chaque mesure adoptée, chaque incident survenu depuis le commencement
de 1843 accusent hautement la Porte. L'arrangement de 1842, qui
au fond n'avait jamais été mis en pratique, se trouva définitivement écarté par le fait, et l'autorité musulmane régna sans par-
tage sur la Montagne une seconde fois dévastée.

II.

QUESTION FRANÇAISE.

(1845.)

Il est à peine nécessaire de dire que les démarches des envoyés
des cinq cours auprès de la Porte reprirent leur ancien caractère
d'activité et d'insistance dès le jour où les dépêches des consuls les
eurent sérieusement alarmés sur la situation de la Montagne. Cependant, cette nouvelle période de l'intervention diplomatique est
plutôt remplie par l'action isolée de notre représentant. En effet,
il était sorti des derniers troubles une question toute française que
la dignité de la France lui commandait de vider avant la question
européenne, et que d'autres infractions à nos légitimes droits allaient ténir ouverte quelque temps encore. Pour le moment, M. de
Bourqueney avait à demander qu'il fût fait justice des meurtriers
du père Charles, religieux placé par les capitulations sur le même
pied que les sujets français. Il joignit donc aux remontrances col-
lectives de ses collègues la demande formelle d'une prompte réparation au nom seul de son gouvernement. La Porte était embar-
rassée de répondre. Elle eut recours à un moyen qu'elle ne se

lassa jamais d'employer : elle annonça dans un long *memorandum* daté du 28 juillet qu'un commissaire allait partir pour la Syrie chargé de pacifier la Montagne et de rechercher les coupables. Cette pièce est rédigée avec assez d'adresse ; elle répond à la fois aux remontrances des cinq puissances et à la protestation particulière de notre ambassadeur ; le divan est douloureusement surpris qu'on le croie complice des horreurs qu'on signale ; il veut la pacification du Liban ; il est résolu, pour y atteindre, à employer la force contre les deux factions. Les circonstances lui ont paru si graves qu'un de ses propres membres, le ministre des affaires étrangères, Chekib-effendi, s'est décidé à prendre cette mission délicate. Le premier soin de Chekib sera de poursuivre les auteurs du meurtre commis devant Habeil. Des mesures vigoureuses seront prises pour contraindre les Montagnards à ne plus troubler la paix. L'ordre a déjà été transmis à Namick-pacha, muschir du camp impérial de l'Arabie, de diriger en personne des troupes sur le Liban. La Porte va payer immédiatement une partie des indemnités dues aux Maronites ; le reste sera liquidé après le rétablissement de la tranquillité. Le divan déclare vouloir sincèrement s'en tenir au mode d'administration arrêté en 1842. Si ce système a rencontré jusqu'à ce jour des obstacles, ils ne viennent pas de la mauvaise volonté qu'on lui reproche, mais de l'ingérence intéressée et trop fréquente des consuls de Beyrout dans les affaires domestiques de la Montagne, et, si les dernières dispositions prises par Halil-pacha n'ont pas été exécutées, c'est sans doute qu'on ne les a pas bien comprises sur les lieux. Là-dessus le conseil entre dans des considérations qui trouveront leur place plus loin, mais que nous passerons pour ne pas interrompre la marche de notre récit. En résumé, c'est toujours la même candeur, la même surprise, et l'assurance solennelle que quelque chose de vraiment définitif cette fois va s'établir dans la Montagne.

Chekib-effendi s'embarqua, le 9 septembre, à bord du bateau-vapeur de l'État *Peiki-Chevket,* et arriva le 14 septembre à Beyrout. Chekib, comme on l'a vu, était un des membres principaux du divan; chargé des relations extérieures, il connaissait à la fois les sentiments les plus secrets de ses collègues et les intentions inaltérables de l'Europe. Si la Porte est de bonne foi, comme elle ne cesse de le prétendre dans ses rapports officiels, la conduite de cet agent nécessairement le prouvera. On va voir si nous avons jugé trop sévèrement la politique ottomane vis-à-vis du Liban. A peine débarqué, il assembla les consuls, leur donna communication du *memorandum* de la Porte, et laissa percer sa mauvaise humeur contre l'exercice que les consuls en Syrie faisaient de leur influence. M. Poujade (il remplaçait M. Bourée alors en congé), soupçonna dès lors Chekib d'être venu avec des intentions hostiles aux intérêts placés sous la garde de l'Europe, il le pressa de s'occuper avant tout de la mise en jugement des assassins du père Charles. N'ayant obtenu de lui qu'une réponse vague et dilatoire, il se hâta d'informer le ministre de France à Constantinople que Chekib imiterait la conduite de ses prédécesseurs, qu'il ajournerait toujours, qu'il ne conclurait rien. M. de Bourqueney fut frappé de la justesse de ces impressions; indigné en même temps des retards qu'éprouvait une affaire où l'honneur national était en jeu, il s'en plaignit avec vivacité auprès d'Aali-effendi, ministre intérimaire des affaires étrangères. Aali témoigna ou feignit la plus grande surprise; il ne pouvait s'expliquer la réponse de Chekib que par un malentendu, supposant gratuitement que notre consul aurait exigé l'exécution des meurtriers sans jugement préalable. — Le divan, ajoutait-il, voudrait bien satisfaire à la demande du ministre de France; mais Chekib était muni de pleins-pouvoirs; il fallait attendre, avant de juger ses premiers actes, qu'il les eût fait connaître lui-même à ses collègues. Tout ce que le divan pouvait faire en ce moment, c'était de lui envoyer copie de la réclamation de M. de Bourqueney.

Notre agent à Beyrout ne s'était pas trompé sur les intentions de Chekib-effendi. De tous les hommes d'État que le divan avait successivement envoyés en Syrie, aucun n'avait moins pris la peine de couvrir par les apparences l'éternel parti pris d'encourager la réaction au profit de l'intérêt musulman. Le paquebot suivant, parti de Béyrout le 24 septembre, apporta à Constantinople une nouvelle qui imposait à notre représentant le devoir d'agir avec une vigueur plus pressante encore. Chekib-effendi avait intimé l'ordre à tous les sujets européens de passage ou fixés dans la Montagne de s'en retirer aussitôt, leur promettant de veiller sur les biens qu'ils laisseraient derrière eux. En d'autres termes, tous les religieux catholiques que les traités ont placés sous la protection de la France étaient atteints par cette mesure arbitraire, et trois établissements industriels, des fabriques de soie fondées par nos compatriotes, allaient être fermés au préjudice de leurs propriétaires inoffensifs. M. de Bourqueney fit remettre aussitôt dans les mains d'Aali-effendi une protestation motivée sur la violation manifeste des garanties assurées par tous les traités de la Porte aux sujets de la France [1].

Le moment était passé de feindre la surprise ; le ministre intérimaire eut cependant recours encore à cette tactique superflue ; il affirma que Chekib-effendi n'avait pu se croire autorisé à agir comme il avait fait ; le divan s'engageait à délibérer immédiatement sur les justes réclamations du ministre de France. C'était le 5 octobre qu'il devait se réunir. Ce jour-là même, de grand matin, M. de Bourqueney se rendit chez Aali, accompagné du premier

---

[1] Notre droit de protection, en ce qui concerne les religieux catholiques établis dans l'empire ottoman, est fondé sur le deuxième paragraphe de l'article 32 des capitulations de 1740. Ce paragraphe est ainsi conçu :

« Les anciennes capitulations impériales qui sont entre les mains des Français depuis les règnes de mes magnifiques aïeux jusqu'aujourd'hui, et qui viennent d'être rapportées avec détail ci-dessus, ayant été maintenant renouvelées avec une addition de quelques nouveaux articles, conformément au commandement impérial émané en vertu de mon *Khatt-Cherif;* le premier de ces articles porte que *les évêques dépendant de la France et les autres religieux qui professent la religion franque, de quelque nation ou espèce qu'ils soient, lorsqu'ils se tiendront dans les bornes de leur état, ne seront point troublés dans l'exercice de leurs fonctions dans les endroits de notre empire où ils sont depuis longtemps.* »

Les capitulations de 1740 confirmaient celles de 1673, de 1604 et de 1535, les premières qui furent conclues par *l'empereur de France* avec le grand-seigneur, et le traité même de Louis XV a été renouvelé deux fois depuis, sous le Directoire et sous l'Empire.

drogman de l'ambassade ; il ne voulait laisser au ministre des affaires étrangères aucun prétexte de méconnaître la gravité de la situation où la Porte s'était mise vis-à-vis de la France ; il lui donna lecture d'une déclaration très-nette dont voici la substance : « Si dans la semaine où nous entrons, l'ordre n'a pas été expédié à Chekib-effendi de rapporter la mesure du rappel des négociants et des religieux, et si elle est en cours d'exécution, de réintégrer ceux qui seraient partis, en les indemnisant de tous frais et dommages par eux supportés ; de prendre les mesures militaires suffisantes pour la protection de leurs établissements ; d'appliquer toute la sévérité de la loi turque aux meurtriers du père Charles ; si toutes ces injonctions ne sont pas officiellement annoncées par la Porte, je vous prie de vouloir bien solliciter pour moi une audience de congé du sultan, où je lui ferai connaître les raisons de mon éloignement ; car mon parti est pris de me retirer aux Dardanelles et d'y attendre ces instructions que je provoque. »

Aali-effendi n'essaya pas de cacher le trouble où le jeta cette déclaration. Il répondit que M. de Bourqueney verrait le sultan s'il l'exigeait, mais il le conjura d'attendre jusqu'au lendemain la décision du conseil, qui ne pouvait manquer d'être satisfaisante. Le 6, en effet, Aali transmit à l'ambassade le résultat de cette délibération. Le conseil concédait les deux points : la mesure de Chekib sur le déplacement des Européens serait considérée comme une invitation facultative ; la Porte s'engageait à protéger les biens et les personnes de ceux qui resteraient dans la Montagne ; si déjà des religieux avaient été contraints de quitter leurs couvents, ils seraient indemnisés des dépenses et des dommages encourus. Quant à l'affaire de l'assassinat, Chekib allait recevoir l'ordre de faire procéder immédiatement au jugement du cheik Hamond, principal meurtrier du père Charles ; et comme les communications entre Constantinople et Beyrout sont plus rapides par la voie de terre, l'exprès tartare allait partir chargé de ces instructions, que Chekib recevrait ainsi dans cinq jours.

A la démarche vive de M. de Bourqueney, la Porte avait répondu sans détour. Est-il besoin de dire que rien n'était fini encore ? Nos lecteurs sont assez familiarisés à présent avec les procédés des commissaires turcs dans le Liban pour pressentir que Chekib-effendi saura bien échapper par un de leurs expédients ordinaires à la nécessité d'obéir. Quand les ordres du divan arrivèrent à Beyrout, la mesure qui avait frappé les Européens était en cours d'exécution; et, nous regrettons de devoir le dire, les consuls des quatre puissances avaient commis la faute d'y souscrire, sur le motif que parmi le petit nombre de leurs nationaux qu'elle atteignait, aucun n'avait d'intérêt fixe dans la Montagne. Chekib saisit ce prétexte pour éluder une partie de ses nouvelles instructions : il suspendit la mesure, mais il refusa les indemnités promises à ceux qu'elle avait déjà lésés. Quant au procès qu'il ne pouvait plus reculer, voici comment il s'y prit pour déjouer le juste espoir des agents de la France. Il fit comparaître le cheik Hamond devant un tribunal turc, mais après avoir eu soin de distribuer les rôles de façon qu'il ne pût être condamné. Les consuls devant qui cette intrigue se tramait refusèrent de sanctionner par leur présence une procédure inique. Chekib avait réuni les preuves mensongères d'un alibi : des témoins chrétiens préparés au parjure par la menace vinrent déposer que le cheik était arrivé sur les lieux après l'incendie; Arif aga, l'officier qui avait assisté au massacre, fut admis à témoigner en faveur de son complice, et, grâce à ce criant abus des plus simples règles de la justice, Hamond-Abou-Nekad, convaincu par la clameur publique, par le témoignage de toute la Montagne, d'avoir sinon porté lui-même le coup qui mit fin aux jours du malheureux franciscain, du moins commandé le détachement druse qui dévasta le couvent d'Habeil et massacra un prêtre inoffensif, en présence d'un détachement de troupes ottomanes, sortit du tribunal avec un acquittement complet.

Il ne restait plus à M. de Bourqueney qu'à reprendre sa démarche du 5 octobre et à y donner suite, s'il n'obtenait pas une satisfaction immédiate et cette fois réelle. A peine ces nouvelles reçues, il transmit au divan, par le canal d'Aali-effendi, un *ultimatum* composé de cinq articles. Le divan s'empressa de céder sur tous les points, sauf le premier, qui arrêtait le principe d'une indemnité pour les Européens déplacés. Un *ultimatum* ne souffre point de restriction : M. de Bourqueney déclara qu'il persistait dans son intention irrévocable de demander l'audience du sultan et de se retirer ensuite aux Dardanelles. Le lendemain, 22 octobre, la Porte revint sur la réserve qu'elle avait faite, et la satisfaction exigée par la France demeura formulée comme suit : 1° Les sujets européens seront réintégrés dans leurs établissements, et indemnisés des frais à eux occasionnés par l'exécution de la mesure de Chekib-effendi. 2° Cheik-Hamond sera transféré à Constantinople pour être ensuite exilé sur un autre point du territoire ottoman. 3° Ses complices seront recherchés et exclus de toute amnistie qui serait accordée par la suite aux auteurs des derniers troubles de la Montagne. 4° Des indemnités seront payées aux couvents d'Habeil et de Solima, dans la mesure de leurs pertes. 5° L'officier turc présent au sac du couvent d'Habeil sera mandé à Constantinople et traduit devant un conseil de guerre.

Il faut que Chekib-effendi, cette fois, ait été invité par ses collègues à ne plus chercher de faux-fuyant; car, comme on le verra tout à l'heure, l'engagement que ceux-ci venaient de prendre fut rempli à la lettre. Reprenons l'histoire de sa mission. Le divan avait représenté aux ministres des cinq cours l'approche des troupes commandées par Namick-pacha, comme destinées à tenir en respect les fauteurs des derniers troubles. Elles avaient une autre destination : d'intimider à la fois les deux races, de les mettre hors d'état, non pas tant de se nuire que de résister aux empiétements prémédités de la Porte. Dans le même temps que Chekib débarquait à Beyrout, le séraskier était entré dans la Montagne, aux environs de Zahlé, c'est-à-dire par le côté maronite; et là, les soldats turcs avaient exercé sur les habitants et sur les religieux européens, notamment sur des jésuites établis à Malaka, leurs vexations ordinaires. Quand ses forces eurent été distribuées d'après un plan sans contredit arrêté d'avance, Chekib dévoila par un acte inattendu de vigueur l'objet réel de sa mission. Les caïmacans et les cheiks des deux populations furent convoqués à Bet-Eddin, où il s'était renfermé à l'exemple d'Omer-pacha; la présence des forces ottomanes ne laissait point à ceux-ci le courage de désobéir ; ils se rendirent en grand nombre à son appel. La conférence s'ouvrit par la lecture du firman qui investissait Chekib de pleins pouvoirs pour la solution des affaires du Liban, et, sans plus de préambule, il déclara que pour les punir de ne lui avoir point témoigné la confiance à laquelle il devait s'attendre, il mettait tous les chefs présents à l'assemblée en état d'arrestation. La résistance était impossible; l'ordre fut exécuté, et tous, y compris les deux émirs, furent gardés à vue dans le château fortifié où il les avait attirés. Dans le même moment, le séraskier Namick, profitant de la stupeur que ce coup d'État avait causée, procéda systématiquement au désarmement de la Montagne. Cette opération fut achevée en cinq jours : le 20 octobre, toutes les armes, avaient été enlevées à Deïr-el-Kamar, Baakin, dans les deux Choufs, dans le district de Djezzin, à Zahlé et aux environs, dans le Metn, le Catah, le Kesrouan et à Moktara, siége de la puissance des Djumbláds, qui fut pillé, car on n'avait plus de motif d'épargner les Druses. Les Turcs, suivant leur usage, mirent la plus grande rigueur dans l'exécution des ordres du pacha. Des paysans qui résistaient furent punis de la bastonnade; des curés, qu'on accusait d'encourager leur résistance, traités avec la dernière violence. Les couvents mêmes ne furent pas ménagés : on enfonça les portes du couvent abandonné de Solima, où l'on s'attendait à trouver un dépôt d'armes; notre consul les fit aussitôt refermer. Le couvent de Ghazir fut également occupé par les troupes turques, ainsi que la filature d'un Français, M. Rostand, dont les ouvriers furent dispersés. C'est ainsi que la promesse de protéger les établissements européens avait été tenue. Enfin les consuls apprirent par le bruit public ces rapides événements quand il n'était plus temps de s'y opposer.

On nous dispensera de faire aucune réflexion sur ce nouveau désarmement de la Montagne. L'arrangement de 1842, qui n'avait jamais reçu une exécution sincère et complète, se trouvait non avenu par le fait; et le Liban, à la merci de l'usurpation ottomane, retombait dans la situation de 1841. La France ne devait pas être

la dernière à s'impatienter de ce résultat ; mais des intérêts plus
pressants absorbaient encore toute son attention. Chacun des actes
de Chekib ranimait la question française, au moment où nos
agents pouvaient la croire épuisée. Une nouvelle circonstance vint
mettre leur fermeté à l'épreuve et montrer une dernière fois à la
Porte combien ils étaient jaloux de défendre notre honneur et nos
droits. Pendant que le désarmement s'opérait dans la Montagne,
un interprète arabe du consulat de France à Beyrout, le sieur Medawar, qui se trouvait dans la Montagne pour ses affaires privées, fut
arrêté à Zouk et brutalement jeté en prison sur l'accusation fausse
d'avoir excité les paysans à ne point rendre leurs armes. Notre
consul commença par réclamer son élargissement auprès de Vedgi-
pacha et de Daoud-pacha ; mais ces deux fonctionnaires prétendi-
rent être demeurés en dehors des affaires du Liban depuis l'arrivée
de Chekib. Notre consul se vit donc forcé de s'adresser à celui-ci ; il
lui prouva en vain, par le rapprochement des dates, que le sieur
Medawar n'avait pu s'opposer à un désarmement accompli déjà
quand il était arrivé à Zouk. Chekib-effendi, à bout de raisons,
renvoya les *cawas* du consulat avec les dépêches dont ils étaient
porteurs. L'insulte était grave et la position de notre drogman
enfermé à Djouni, sur le bord de la mer, devenait critique.
M. Poujade prit alors un parti vigoureux ; il transmit l'ordre, au
nom de notre gouvernement, au commandant de la frégate *la
Belle-Poule*, alors mouillée devant Beyrout, de se rendre dans la
rade de Djouni et de réclamer du pacha qui commandait la ville,
la mise en liberté de Medawar. M. Cunéo-d'Ornano s'acquitta de
cette entreprise délicate avec autant de fermeté que de prudence.
Arrivé devant Djouni, il se présenta d'abord seul au pacha, et ce
n'est que sur le refus de cet officier turc d'obtempérer à sa demande qu'il revint sur une embarcation armée. Cette fois le prisonnier lui fut rendu, et le 29 octobre, la frégate le ramenait à
Beyrout. « L'acte était grave, a dit M. Guizot à ce sujet à la
chambre des pairs [1], c'est ce que, dans le droit public, on appelle

---

[1] Séance du 12 janvier 1846.

une violation de territoire, de juridiction. Cependant l'acte a été approuvé ; l'officier et le consul ont été également approuvés. Il ne faudrait pas qu'entre nations qui sont en paix, de pareils actes se renouvelassent souvent. Je regretterai toujours qu'ils soient nécessaires ; mais il est bon qu'on sache à Constantinople qu'ils sont possibles, et que là où la justice, la simple justice, la justice évidente manquerait à la France, la France saurait prendre ce qu'on aurait dû lui donner. »

Ce regret, fondé sur le respect des droits de la Porte, lui fut exprimé par M. de Bourqueney ; mais il lui prouva que Chekib-effendi avait rendu l'expédition nécessaire en fermant l'oreille aux justes réclamations de la France ; et bien loin que notre consul eût agi au moment où son drogman allait lui être rendu, comme on l'avait mandé, les mauvais traitements dont celui-ci était l'objet justifiaient l'emploi du moyen extrême auquel il avait eu recours. Du reste, les représentants de la France, tant à Constantinople qu'en Syrie, avaient si bien donné la mesure de leur fermeté que l'exécution des ordres donnés par suite de l'*ultimatum* du 21 octobre ne fut point retardée par l'incident dont nous venons de rendre compte. Chekib-effendi montra bien d'abord quelque velléité d'en interpréter les termes ; mais M. Bourée (il venait de retourner à son poste) n'admit point la discussion sur ce point. Il exigea de Chekib, qui voulait attendre le départ du *steamer* mensuel, que le cheik Hamond partît par le brick de la marine impériale en station dans le port ; il se refusa à toute expertise inutile des pertes éprouvées par les religieux de Solima et d'Habeil, sur le motif que la valeur des vases et des ornements pillés était connue au consulat, où ils étaient arrivés de France et de Rome. Le lendemain de cette conférence (17 novembre), toutes les clauses de l'*ultimatum* étaient exécutées : le cheik Hamond partait par le brick turc pour Constantinople, Arif-aga était mandé à Beyrout, et deux versements étaient faits entre les mains de notre consul, l'un de 60,320 piastres pour les couvents de Solima et d'Habeil, l'autre de 9,824 pour le déplacement du délégué apostolique, des religieux d'Arissa, de Solima, de Gazir, et du collège lazariste d'Antoura.

Parlerons-nous maintenant de l'action diplomatique des cinq puissances à Constantinople, que les dernières nouvelles du Liban avaient nécessairement ranimée ? Elles reprenaient leur rôle avec la perspective de recommencer sur nouveaux frais et voyaient devant elles se relever, plus nombreux, plus hérissés que jamais, les obstacles que depuis quatre ans elles s'étaient lassées à détruire. Elles ne pouvaient cependant pas se laisser aller à l'ennui de cette position. Sir Stratford Canning proposa immédiatement à ses collègues une protestation collective ; la Porte, qui en redoutait les suites, prit les devants et fit passer aux ministres des grandes puissances copie de la dépêche qu'elle adressait à Chekib-effendi au sujet des derniers événements et où elle approuvait la mesure du désarmement, comme devant conduire à l'exécution franche et complète du système adopté de concert avec l'Europe. Aali, chargé de cette communication, annonçait en même temps qu'un nouveau commissaire, Selim-pacha, allait partir pour la Syrie et tiendrait la main à ce que les intentions du divan fussent réalisées. La conférence européenne passa outre, et peut-être la diplomatie allait-elle remarcher péniblement sur ses traces de 1841, quand une heureuse rumeur se répandit qui lui permit de s'arrêter au début de cette ingrate voie.

Reschid-pacha venait d'être appelé par le sultan à la direction des affaires ; Reschid-pacha arrivait le 15 décembre à Constantinople. Cette nouvelle n'a pas produit une sensation moins grande par tout l'empire ottoman que dans les cabinets d'Europe, tant les opinions de cet homme d'État sont connues, tant son noble caractère est respecté. Elle a suffi pour arrêter la réaction dans les provinces. La diplomatie devait à cet esprit distingué, en qui elle admire de rares lumières et une haute conscience, de lui laisser le temps de régler l'ensemble du nouveau système dont son nom seul est déjà le glorieux programme. Notre travail doit donc se terminer ici : au moment où les cabinets européens s'entendent pour mettre à profit l'occasion la plus favorable qui se soit encore présentée de fixer définitivement le sort de la Montagne, il ne nous reste plus qu'à indiquer la conclusion qui nous semble sortir naturellement de ce long récit.

III.

CONCLUSION GÉNÉRALE.

Disons-le d'abord, la rentrée de Reschid-pacha aux affaires n'est qu'un heureux présage : quelque juste confiance qu'elle ait inspiré à l'Europe, il serait imprudent d'attendre de cette circonstance seule la fin des difficultés de l'affaire du Liban. Le pouvoir de Reschid-pacha n'est pas inébranlable : plus sa réputation de réformateur est grande, plus le fanatisme des vieux musulmans se roidira contre les progrès de toute nature qu'il voudra introduire dans l'administration de l'empire. Une inspiration heureuse l'a ramené auprès du jeune sultan ; une intrigue obscure peut tout à coup l'en éloigner. D'ailleurs des embarras existent que sa présence n'a point fait disparaître : légués par une politique réactionnaire, ils engagent jusqu'à un certain point son avenir. Avec lui des complications nouvelles ne sont plus à craindre ; pour l'Europe et pour lui, il reste toujours à sortir du labyrinthe des anciennes.

L'Europe voudra mettre à profit ses lumières et ses bonnes dispositions pour établir dans la Montagne un régime que l'on ne puisse détruire après lui. Il faut qu'elle sache bien ce qu'elle veut ; elle n'a plus le temps d'observer, d'attendre ou de faire des essais : elle a une occasion à saisir. Il est donc urgent avant tout qu'elle se décide au sujet du système de 1842 ; et si elle doit l'abandonner, qu'elle l'abandonne promptement. Ce système n'est plus défendu pour lui-même ; mais comme il n'a point été mis à l'épreuve, si ce n'est dans la partie chrétienne, le cabinet anglais paraît désirer qu'avant d'aller à la recherche d'un nouveau mode de gouvernement, les cinq cours fassent une expérience complète de celui qu'elles ont eu tant de peine à faire adopter. Nous croyons qu'il a tort. Lord Aberdeen craint sans doute qu'en renonçant trop vite à

un plan qui émane d'elle-même, l'Europe ne montre une inconsé-
quence fâcheuse aux yeux du divan. Mais si elle s'est trompée,
croit-on que la Porte ne s'en soit pas aperçue? C'est l'avis de
presque tous les ministres, diplomates et agents consulaires, qui
ont pris part à cette négociation, que l'Europe s'est trompée, et que
le système qu'elle avait mis en avant pour concilier les intérêts
les plus contraires, les met tous aux prises et ne concilie rien.
M. Guizot a déclaré à la chambre des pairs que le plan de 1842
n'est point praticable : si la connaissance plus intime des mœurs
et du caractère de la population du Liban en a fait ressortir tous
les vices, est-il donc nécessaire de chercher une preuve surabon-
dante dans une expérience qui ne peut qu'empirer le mal? Qu'on
lise l'explication donnée par la Porte dans son *memorandum* du
28 juillet, sur les moyens pratiques ajoutés au système de 1842, et
que l'on décide après si ce système ainsi modifié vaut le temps
précieux qu'il ferait perdre. Outre le caïmacan nommé pour chacune des deux populations il y aurait dans la partie mixte un vekil
pour chaque district et un *mukatadgi* pour chaque ville, bourg ou
village. Comme l'administration des localités mixtes embrasse trois
points, la question de droit, les affaires administratives, la police, ces trois attributions seraient réparties de la manière sui-
vante. Les procès entre personnes d'une même religion seraient
jugés par le mukatadgi de l'endroit, entre personnes de croyances
différentes par celui-ci et le vekil, avec appel à la décision des
deux caïmacans en cas de désaccord. Pour les affaires administratives, les vekils serviraient d'intermédiaires entre les mukatadgis
et le caïmacan de leur religion. Enfin la police appartiendrait aux
seuls mukatadgis, avec recours, en cas de contestation, au caïmacan. — Voit-on en mouvement ce jeu compliqué d'attributions
contraires et de tempéraments pénibles, et ne peut-on pas prévoir
que le fonctionnement même de cette machine administrative la
détraquerait! Qu'on se figure la Vendée en 1794, administrée à
la fois par des maires jacobins et des curés royalistes, sous la
surveillance d'une armée républicaine. Voilà quel serait le système de l'administration mixte à l'œuvre.

Nous avons l'espoir que les cinq cours renonceront à faire une expérience aussi inutile, qu'elles reviendront à la seule combinaison praticable, à celle que M. Guizot, guidé par son instinct du pouvoir fort, a toujours défendue dans ses dépêches et qu'il n'a abandonnée momentanément que pour ne pas troubler le concert européen; qu'elles proposeront enfin le rétablissement du régime indépendant de la Montagne ainsi que la restauration des Cheâb, au seul ministère ottoman capable d'y consentir sans arrière-pensée. Et pour qu'il n'y ait pas d'obscurité à cet égard, nous dirons, d'après un mémoire rédigé le 6 août 1845, par M. Bourée, quelles étaient les bases de ce régime : le gouvernement était indigène et chrétien, la dignité de l'émir héréditaire sans la règle rigoureuse de l'ordre de primogéniture. L'émir répartissait l'impôt, la perception en était réservée aux cheiks druses et maronites; à l'émir appartenait le droit de régler les difficultés en matière de propriété, et celui de punir les crimes; il partageait la juridiction en matière civile et en matière de police avec les cheiks et le clergé; il avait le commandement de la milice dont le contingent était fourni par les cheiks; l'entrée des troupes turques dans la Montagne était considérée comme une violation du territoire. La souveraineté de la Porte ne se manifestait que de deux manières : l'émir était tenu de verser tous les ans un impôt fixe dans le trésor ottoman; il était tenu aussi de fournir un contingent de troupes indigènes dans le cas seul où des troubles auraient éclaté en Syrie.

Si les cinq puissances avaient eu à imaginer *à priori* un système de gouvernement qui assurât l'indépendance de la Montagne, auraient-elles rencontré mieux? Dans cette combinaison, les Druses ne sont pas sacrifiés; ils ont par leurs cheiks autant de pouvoir qu'il appartient à une minorité d'en exercer sous un gouvernement homogène et unique. Nous n'insisterons pas sur les avantages que ce gouvernement présente; même après un interrègne de six ans d'anarchie, ils seraient les plus nombreux et les plus stables encore. Cependant si l'on veut qu'ils se développent, il faudra prendre en même temps toutes les mesures que la situation commande. Les Druses doivent être réduits à l'impuissance de nuire, non par l'emploi de la violence, mais par le châtiment de deux chefs dangereux qui se sont signalés dans les deux insurrections par leur barbarie : le cheik Hamond-Abou-Nekad, l'assassin du père Charles, et Saïd-Djunblad, l'auteur des massacres de Djezzin. Hamond est exilé, Saïd doit l'être : il faut que l'un et l'autre soient exceptés de toute amnistie. Dans cette combinaison, la seule désirable et la seule possible, il y a une difficulté que nous ne dissimulerons pas, c'est le choix de l'émir ; mais cette difficulté n'est pas insurmontable. Le moment est venu où la France pourrait proposer la réintégration du vieux Béchir sans s'exposer au soupçon de favoriser une créature : depuis long-temps l'impatiente ambition de ce vieillard a cessé de compter sur notre appui ; on l'a vu à Constantinople promener de légation en légation ses offres de reconnaissance, et celles qu'il a faites à l'Angleterre n'ont pas été les moins chaleureuses. Si cependant l'Europe lui refusait ses suffrages, sa famille nombreuse offre encore assez de candidats sur qui elle pourrait arrêter un choix ; il est seulement fâcheux que son fils, l'émir Emin, en embrassant la religion musulmane, se soit volontairement retiré d'un concours où il se serait présenté avec l'avantage d'avoir gouverné déjà sous les yeux de son père.

Notre espoir est-il fondé et le cabinet français parviendra-t-il bientôt à ramener à son opinion les volontés encore hésitantes ? Nous n'avons aucune certitude à cet égard. Mais ce qui nous rassure, c'est cette considération qu'en dehors du rétablissement de l'ancien régime de la Montagne, il n'y a plus, disons-le bien nettement, que l'administration turque, c'est-à-dire la ruine des franchises et de la prospérité du Liban. Cette combinaison-là, du moins l'on ne dira pas qu'elle n'a point fait ses preuves ; il y a six ans que l'expérience dure, grâce à la longanimité de l'Europe. Depuis le départ des troupes alliées, la Porte a gouverné despotiquement la Montagne par l'intermédiaire de ses pachas, presque toujours membres du divan, que nous croyons avoir bien caractérisés en les nommant ses proconsuls. Jusqu'à la fin de 1842, Mustapha-pacha, aidé d'Omer-pacha et de Sélim-bey, a tour à tour employé la corruption, la menace et la violence. Essad, son successeur, a

usé de formes plus douces, mais n'en a pas moins été un maître ab-
solu. On connaît les procédés de Vedgi ; il fallut que Chekib-effendi
se détachât du divan pour venir les surpasser. Sous cette autorité
appliquée à détruire l'indépendance d'une population chrétienne,
deux insurrections ont éclaté, deux désarmements ont eu lieu.
Des cruautés horribles ont été commises, auxquelles les troupes
ottomanes se sont toujours associées ; l'armée régulière a rivalisé
d'indiscipline et de barbarie avec l'odieuse horde des Arnautes.
Enfin la Porte a voulu faire dans le Liban ce qu'elle fait partout
où elle sent qu'une âme de peuple lui résiste : ou le désert ou des
esclaves. A la première nouvelle de la nomination d'Omer-pacha,
M. de Bourqueney disait ce mot remarquable à son collègue
d'Angleterre : « Il y avait une souveraineté chrétienne dans l'empire ottoman. Quatre puissances européennes ont mis la main dans
les affaires de Syrie, et le résultat le plus clair, le plus positif de
leur intervention, c'est la suppression de cette souveraineté. » Par
le fait, ce reproche est encore juste : la France, qui n'en a
point pris sa part il y a six ans, fera tous ses efforts pour qu'il
cesse de l'être. Le peuple qui a si puissamment aidé à la renais-
sance de la nationalité grecque ne laissera point anéantir l'indivi-
dualité maronite.

Que les cabinets qui tardent à adopter le système du nôtre, au
moment de prendre un parti décisif, veuillent bien réfléchir à ce
qu'ils vont faire. Qu'ils oublient leurs répugnances, leurs jalou-
sies, et leurs vues personnelles, s'il s'en est glissé dans leur
politique. Aujourd'hui ils doivent se pénétrer de cette conviction,
c'est que si aucun gouvernement européen ne doit traiter les affaires de la Montagne au profit de la Turquie, aucun non plus
ne peut les faire entrer dans son système oriental. Le Liban est
un point indépendant et isolé qu'il faut considérer en lui-même et
pour lui-même ; le Liban, en un mot, c'est la Suisse de l'Orient, tout
le secret de la situation est là.

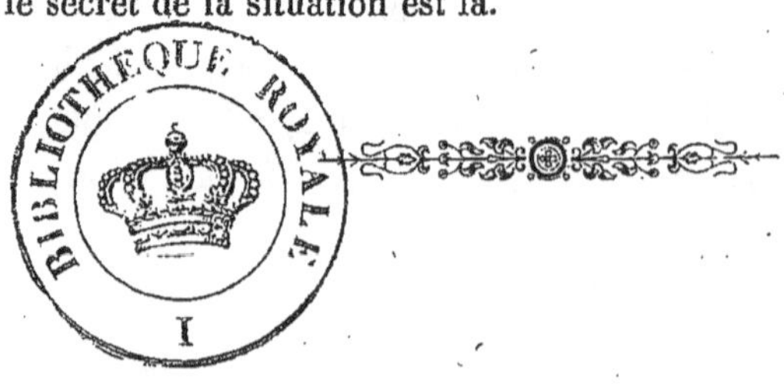